السلطنة الجبرية

عهد السلطان

أجود بن زامل

السلطنة الجبرية في مرحلة القوة والازدهار

عهد السلطان أجود بن زامل

٨٧٢-٩١١هـ/١٤٦٧-١٥٠٥م

علي الهاجري

دار جامعة حمد بن خليفة للنشر
HAMAD BIN KHALIFA UNIVERSITY PRESS

الطبعة العربية الأولى عام ٢٠١٨

دار جامعة حمد بن خليفة للنشر
صندوق بريد ٥٨٢٥
الدوحة، دولة قطر

www.hbkupress.com

الترقيم الدولي: ٩٧٨٩٩٢٧١٢٩٧٧٣

تمت الطباعة في الدوحة-قطر.

مكتبة قطر الوطنية بيانات الفهرسة- أثناء- النشر (فان)

الهاجري، علي، مؤلف.

السلطنة الجبرية في مرحلة القوة والازدهار: عهد السلطان أجود بن زامل، 872-911هـ / 1467-1505 م / تأليف علي الهاجري.

– الطبعة العربية الأولى. - الدوحة: دار جامعة حمد بن خليفة للنشر، 2018.

صفحة؛ سم

تدمك: 978-9927-129-77-3

1. شبة الجزيرة العربية – تاريخ -- القرن 13. 2. الجبور (قبيلة عربية) – تاريخ. 3. العرب – تاريخ. ج. العنوان.

DS247. H35 2018

956.3– dc23

201827111994

بسم الله الرحمن الرحيم

﴿وَقُلْ رَبِّ زِدْنِي عِلْمًا﴾

[طه: 114]

الإهـداء

إلى سندي ومصدر قوتي وعزمي. . .

إلى مثال المحبة والعطاء. . .

إلى بلاد الأمن والسلام. . .

قَطَر حماها الله

بيان رموز واختصارات الكتاب

ت: توفي

ج: جزء

ص: صفحة

ع: عدد

ق: ورقة

م: ميلادية

مج: مجلد

هـ: هجرية

P:صفحة

المحتويات

كلمة لابد منها

إذا كانت هذه الدراسة تسليط الضوء على تجربة تاريخية لماضٍ ولَّى وذهب، فإننا بحاجة لدراستها؛ لأن دراسة الماضي يستفاد منها في معالجة مشاكل الحاضر؛ ولأن أحداث الحاضر وثيقة الصلة بالماضي، ولن يتيسر لنا معرفة ما نحن عليه اليوم إلا بمعرفة جذورنا فنتخذ منها عبرة وعظة، لذا فالماضي تجربة يُستفاد منها في الحاضر.

فالهدف من دراسة الماضي كي يكون في خدمة المستقبل والاستفادة من تجاربه ودروسه، وهذا معناه أنه لا يهدف إلى إضعاف الحاضر، وإنما تقويته بتجارب وخبرات وعبر الماضي.

كما لا تعني دراسة الماضي العودة إلى القديم بسلبياته وأخطائه وشوائبه، أو استحضاره من أجل الفخر والتباهي والتغني بالآثار والأمجاد والاعتزاز بها، لذلك لا نجعل الماضي يحتوي على قيمة في ذاته، ولكن الهدف هو التجانس والتواصل في حياة الشعوب، وعلى أن يكون الحاضر استمرارًا للماضي، ويكون المستقبل استمرارًا للحاضر.

ومن هذا المنطلق فدراستنا هذه ما هي في الواقع إلا الحلقة الأولى من سلسة دراسات تتناول تاريخ الخليج العربي في العصر الإسلامي، وسوف يُكرَّس لإبراز الصورة السياسية على مسرح الأحداث في منطقة الجزيرة العربية بصفة عامة، ومسرح الأحداث للمنطقة الشرقية من الجزيرة العربية التي تسمى اليوم بـ: «الخليج العربي» بصفة خاصة.

أما المدة الزمنية التي ستدرس فهي 39 سنة، تبدأ بسنة 872هـ/ 1467م إلى سنة 911هـ/ 1505م، وهذه المدة هي مدة حكم السلطان أجود بن زامل للسلطنة الجبرية.

علي الهاجري

المقـدمـة

1. نطاق الدراسة:

إن الدارس لتاريخ السلطنة الجبرية يدرك الدور الكبير الذي قامت به هذه السلطنة منذ قيامها في حدود سنة 820هـ/ 1417م وحتى سقوطها في سنة 932هـ/ 1524-1525م، سواء كان هذا الدور في الجانب السياسي، أو العسكري، أو الاقتصادي؛ فقد استطاعت السلطنة الجبرية أن توحد مناطق واسعة من المنطقة الشرقية لشبه جزيرة العرب.

حيث بسطت نفوذها وسيادتها على الأحساء والطائف والقطيف وجزر البحرين والإمارات وعمان والمناطق الجنوبية من الكويت والعراق، وكان لها من الثقل السياسي على المستوى الإقليمي والحضور العالمي ما ليس له نظير في بقية مدد حكم الدول في المنطقة الشرقية لجزيرة العرب السابقة عليها واللاحقة لها.

والسؤال المطروح هنا هو: هل تمتعت السلطنة الجبرية في جميع عهود حكامها بالاستقرار والأمن والتوسّع؟.

هناك إجماع لدى جمهور المؤرخين والباحثين على أن عهود الحكام للجبريين الأوائل تمثل مرحلة التوسّع والقوة والازدهار، ثُمّ تأتي بعد ذلك مرحلة أخرى وهي عهود الحكام المتأخرين التي تمثل مرحلة الضعف والانحلال، ومع هذا يعود السؤال ليفرض نفسه مرة أخرى ولكن بشكل مختلف عن سابقه وهو: هل عهود حكامها الأوائل جميعها سارت على وتيرة واحدة؟.

إن الإجابة المنطقية عن هذا السؤال ستكون بالنفي، فمن غير المعقول أن تكون على وتيرة واحدة، وهذا ما يحتاج إلى دراسة متكاملة.

من هذا المنطلق جاءت فكرة هذه الدراسة لتسلط الضوء على دراسة أشهر سلاطين السلطنة الجبرية، الذي مثّل حكمه مرحلة ازدهار للسلطنة الجبرية، وهذه المرحلة مرحلة مهمة من التاريخ السياسي للسلطنة الجبرية، وهي التي أسميناها: «السلطنة الجبرية في عهد السلطان أجود بن زامل بن حسين بحدود (872-911هـ/ 1467-1505م)».

ويرجع سبب تحديد دراسة السلطنة الجبرية في عهد السلطان أجود بن زامل الجبري دون غيره من السلاطين الآخرين إلى أن مدة حكمه تعدّ من أزهى مراحل تاريخ هذه السلطنة، حيث شهدت العديد من الأحداث الداخلية والخارجية التي كان لها الأثر الواضح في تاريخها السياسي والاقتصادي خاصة، ومنطقة الجزيرة العربية عامة.

ولما كانت هذه المدة على هذا النحو المؤثر في الحياة السياسية والاقتصادية في المنطقة الشرقية لجزيرة العرب والخليج العربي، فقد كان من الأهمية القيام بدراسة متكاملة لعهد السلطان أجود لإلقاء الضوء على الجوانب السياسية للسلطنة الجبرية في تلك الحقبة الزمنية.

والحق أن منهجية الدراسة اقتضت عدم الاقتصار على نوع واحد من المناهج المعروفة في البحث العلميّ، فقد تم اعتماد المنهج التاريخي الوصفي والمزاوجة بينه وبين التحليلي، وذلك بعرض الأحداث السياسية والمعطيات الحضارية، ثُمّ إخضاعها للاستنتاج والتحليل بعد تنقيتها قدر الإمكان مما يشوبها من المبالغة والغموض وما إلى ذلك، مع الاستفادة من المنهج الوصفيِّ؛ من خلال توثيق البحث بطريقة تهدف إلى التأكُّد والتثبُّت من الفكرةِ والحُكْم ونسبةِ الأقوال إلى أصحابها من مصادرها الأصليَّة.

نظرًا لأن دراسة تاريخ السلطنة الجبرية يكتنفه الغموض بوجود حلقات غامضة، فقد كان تناولها أمرًا شاقًا، وخصوصًا أن المصادر لم تؤرخ إلا للنواحي السياسية والحربية، أمّا النواحي الإدارية والاقتصادية فتكاد تكون معدومة، لذا فقد أخذت هذه الدراسة على عاتقها مهمة البحث والتنقيب عن المادة التاريخية في بطون كتب المؤرخين وسطورها بما في ذلك مصادر التراجم والطبقات والأدب وكتب الجغرافيا التي مكنتنا من جمع مادة قيمة كان لها الأثر الكبير في سد النقص في عدد من الجوانب لهذه الدراسة.

وسيلاحظ القارئ أن جهدًا كبيرًا بُذل من أجل تكوين صورة هيكلية للسلطنة الجبرية في عهد السلطان أجود، وذلك من خلال المعلومات المتناثرة في المصادر المختلفة التي اضطررت إلى مسحها مسحًا كاملًا لعلي أجد هنا أو هناك معلومات تساعدني، وذلك لأنني أيقنت أن هذا العصر كان عصرًا خلّاقًا.

2. هيكل الدراسة:

من أجل تقديم دراسة مستفيضة ومتخصصة عن السلطنة الجبرية في عهد السلطان أجود بن زامل، كان عليَّ تقسيمها إلى تمهيد وأربعة فصول رئيسة وخاتمة.

تناولت في التمهيد دراسة بداية ظهور بني جبر على مسرح الأحداث السياسية، ثم تأسيس سلطنتهم في عهد زامل بن حسين الجبري بحدود سنة 820هـ/ 1417م، وكذا عهد ابنه سيف.

أمّا الفصل الأول فقد عرضت فيه سيرة السلطان أجود بن زامل ونظم حكمه، وقد جاء في مبحثين:

ففي المبحث الأول أعطيت نبذة مختصرة عن السلطان أجود من حيث نسبه ومولده، ونشأته وصفاته، ثم توليه الحكم، وأخيرًا وفاته.

وخصَّصت المبحث الثاني لدراسة نظم حكمه، حيث عرضت الألقاب التي كان يُلقَّب بها السلطان أجود، ثمّ ربطت بين الألقاب التي تلقب بها وبين مكانته وشهرته، فكشفت الألقاب المكانة التي وصل إليها السلطان أجود على المستوى الداخلي والخارجي، كما تحدثنا فيه عن مهام السلطان السياسية والعسكرية والتعليمية والقضائية.

كما ناقشت فيه أيضًا ولاية العهد عن طريق معرفة العُرف الذي من خلاله تسند ولاية العهد في السلطنة الجبرية، وكذلك تم الحديث عن النظم الإدارية، حيث ناقشت تقسيم السلطان أجود لسلطنته إلى أقاليم، كما بحثا الأسباب التي جعلته يولي أبناءه على هذه الأقاليم.

وكُرِّس الفصل الثاني لدراسة السياسة الداخلية والعلاقات الخارجية، حيث تم تقسيمه إلى مبحثين :

استعرضت في المبحث الأول استراتيجية السياسة الداخلية للسلطان أجود، حيث ناقشت استراتيجية السلطان أجود العسكرية والسياسة والتنموية التي كان يُسيّر سلطنته على ضوئها، واستعرضت تكوين الجيش في السلطنة الجبرية من خلال الاهتمام في تطور المؤسسة العسكرية، ووضحت مسألة الأمن وكيف جعلها السلطان أجود من أولويات مهامه انطلاقًا من إيمانه أن الأمن أساس الاستقرار والرخاء الاقتصادي، كما وضحت سعي السلطان أجود إلى نشر التعليم والنهوض به، ونقل المجتمع من البداوة إلى التحضر، وقيامه بإغراء عدد من العلماء البارزين للعمل بسلك التدريس في بلاده.

كما تناولت في هذا المبحث أيضًا دراسة السياسة القضائية للسلطان أجود الرامية إلى تحقيق العدالة في بلاده، ووضع الجميع في ميزان المساواة أمام القضاء، ورفع الظلم عن رعاياه، وردع كل من تسول له نفسه ظلم الناس أو العبث بممتلكاتهم، كما سلّطت الضوء على السياسة الاقتصادية، من خلال

التعرف على أهداف السياسة الاقتصادية للسلطان أجود، واهتمامه بالتوسّع في مناطق النشاط التجاري.

وعني المبحث الثاني بدراسة العلاقات الخارجية للسلطنة الجبرية في عهد السلطان أجود، حيث درست فيه العلاقات الودية، وكذا العلاقات العدائية، موضحًا الأسباب والدوافع التي تتحكم بتلك العلاقات، وكذا النتائج المترتبة جراء نوعية هذه العلاقة.

ولما كانت العلاقة الخارجية للسلطنة الجبرية كثيرة جدًا في عهد السلطان أجود، فقد اقتصرت الحديث على أهم تلك العلاقات والمتمثلة في العلاقات مع أشراف مكة، ومملكة هرمز، وعمان، والهند، والصين.

وخُصص الفصل الثالث لدراسة توسّع السلطان أجود في نجد وعمان، وتم تقسيمه إلى مبحثين:

تناولت في المبحث الأول دراسة التوسّع في نجد، حيث تم دراسة توجهات السلطان أجود في نجد وعرض الأسباب التي جعلته يتأخر بعض الوقت التوسّع في نجد، كما وضحت أهداف قيام بعض القوى المحلية في نجد مبادرتها بالغارات على أراضي السلطنة الجبرية أو قطع خطوط التجارة، ومن ثَمَّ بسطت الحديث في قيام السلطان أجود بالحملات التأديبية ضد تلك القوى، وتوسّعه في شرق نجد وكذا جنوب العراق والكويت حاليًا.

وتناولت في المبحث الثاني التوسّع في عمان من خلال استعراض المراحل الذي مرَت بها السياسة التوسّعية، والتي ابتدأها من كسب الولاء لبعض الزعامات المحلية في عمان، ومن ثَمَّ مرحلة الصدام العسكري.

وأفرد الفصل الرابع لدراسة التوسّع في قطر والبحرين والقطيف، وتم تقسيمه إلى أربعة مباحث.

حيث استعرضت في المبحث الأول إقليم قطر والبحرين والقطيف، وذلك من خلال استعراض الموقع وكذا الأهمية.

وأما المبحث الثاني فتناول الوضع السياسي لقطر والقطيف والبحرين قبل السلطنة الجبرية، وذلك من خلال التعرف المختصر على القوى السياسية في تلك المناطق قبل قيام السلطان أجود بضمها إلى سلطنته.

وخُصّص المبحث الثالث لدراسة التوسّع في قطر والقطيف والبحرين للسلطان أجود، حيث ناقشت فيه بداية التوسّع في قطر والأسباب التي دفعت سلغور إلى تنازله عن القطيف والبحرين للسلطان أجود، ووضحت موقف السلطان أجود من هذا العرض.

واستعرضت في المبحث الرابع محاولة سلغور استعادة البحرين، حيث وقفت على الأسباب التي جعلته يتراجع عن الاتفاقية التي أبرمها مع السلطان أجود، وتحدثنا عن الصراع عسكري، ثَمَّ استعراض نتائج هذا الصراع.

أما الخاتمة فخُصّصت لأهم النتائج التي توصلت إليها الدراسة، ثَمَّ أعقبها ملحق بقائمة المصادر والمراجع.

وبعد فإني لأرجو أن أكون قد وفقت في دراستي هذه التي تناولت فيها بالشرح والتفصيل تاريخ السلطنة الجبرية في عهد السلطان أجود، كما أرجو أن أكون قد أسهمت بجهدي المتواضع في إضافة شيء جديد، وأن أكون قد حققت المنفعة المأمولة التي تحتاجها المكتبة التاريخية.

فهذا جهدي المتواضع ووجهة نظري، وأنا لا أدَّعي الكمال، ولكن أملي أن يصل إلى الأقل منه، فإن كان ذلك فهذه نعمة وتوفيق كبير من الله عز وجل. وإن كان هناك تقصير أو نقص فهو مني وهذه هي طبيعة الجهد البشري.

التمهيد
قيام السلطنة الجبرية

1. السلطنة الجبرية القوة الضاربة واللغز الذي لم يحل:

حكم بنو جبر (السلطنة الجبرية) المنطقة الشرقية لشبه الجزيرة العربية وامتد نفوذهم من سواحل عمان جنوبًا وحتى الكويت (الحالية) شمالًا، وضمّت أيضًا جزر البحرين وامتد نفوذهم إلى شرق نجد وما إلى تلك البلاد من العراق، وقد اتخذوا الأحساء عاصمة لهم.

وكانت السلطنة الجبرية على درجة من القوة، وهو الأمر الذي مكَّنها من توسيع نفوذها في منطقة مترامية الأطراف من الساحل الشرقي لشبه جزيرة العرب، وهذا النفوذ الواسع والقوة الضاربة التي امتلكتها السلطنة الجبرية لفتت انتباه البرتغاليين، فتحدثوا عنهم في تقاريرهم بكثير من التقدير والاحترام الممزوج بالرهبة والخوف.

وحين اطلع[(1)] Miles على بعض ما كتبه البرتغاليون عن بني جبر، علَّق على ذلك بقوله: «إنه ليبدو حقًا بأن بني جبر كانوا خطرين إلى حدٍّ كبير، وأن أمرهم قد بقي حتى الآن لغزًا لم يُحَلّ».

وهذا الأمر أثار دهشتنا لسبب مهم جدًا، وهو أن سلطنة بني جبر هي الوحيدة من بين الكيانات السياسية العربية في المنطقة التي لم تستسلم

---

(1) somul B, the countries and tribes of the Persian gulg, 2nd Ed in one vol, ume, London, 1966, p 155.

للبرتغاليين أو تخضع لهم، بل واجهتهم بتحدٍّ واضح منذ أن وطأتْ أقدامهم أرض عُمان[1].

وعلى الرغم من شهرة هذه الدولة واتساع منطقتها فإنه ما زال الغموض يكتنف تاريخها في كثير من جوانبه، ويحيط بتاريخها الكثير من التساؤلات حول الجوانب التي ما زالت مبهمة، حيث إن المصادر لا تمُدُّنا بمعلومات عن الجوانب المختلفة لهذه السلطنة.

2. ظهور بني جبر على مسرح الأحداث:

مما لا شكَّ فيه أن الفرصة تهيأت لبني جبر بقيادة الشيخ زامل بن حسين الجبري لإبراز دورهم وتدعيم قوتهم وتوسيع نفوذهم، وذلك من خلال استثمار الأوضاع السائدة في بداية القرن التاسع الهجري/ الخامس عشر ميلادي.

فقد استفادوا من حالة الضعف التي تعاني منه الدولة الجروانية التي قامت بحدود سنة 750 هـ/ 1349م[2] هذا من جهة، وكذلك حالة الضعف التي كانت

---

(1) السلمان، محمد حميد، الغزو البرتغالي للجنوب العربي والخليج في الفترة ما بين 1507-1525م، مركز زايد للتراث والتاريخ - العين، 1420هـ/ 2000م، ص117.

(2) المقريزي، تقي الدين أحمد بن علي بن عبدالقادر (ت 845هـ/ 1441م)، درر العقود الفريدة في تراجم الأعيان المفيدة، تحقيق: محمد كمال الدين على، بيروت، 1420 هـ/ 1992م، ج1، ص128؛ ابن حجر العسقلاني، شهاب الدين أبو الفضل أحمد بن علي بن محمد بن أحمد (ت:852هـ/ 1448م)، الدرر الكامنة في أعيان المائة الثامنة، تحقيق ومراقبة: محمد عبد المعيد ضان، مجلس دائرة المعارف العثمانية - حيدر أباد، الطبعة: الثانية، 1392هـ/ 1972م، ج1، ص83. ومما يجب الاشارة إليه في هذا الصدد ما ذكره ابن حجر، فقد ذكر أن قيام دولة الجروانيين في الأحساء كانت في سنة 705هـ/ 1349م، بينما المقريزي يذكرها في سنة 750هـ/ 1349م، ويبدو أن مردّ هذا الاختلاف ناتج عن الغموض في تاريخ المنطقة في تلك المدة، ولكن من خلال دراسة الأحداث في تلك المدة يتبيَّن أن قيام الدولة الجروانية كان قبل التاريخ الذي ذكره المقريزي، كما أن ما ذكره ابن حجَر ليس بالتاريخ الدقيق، ولكن نستطيع القول إن ما ذكره ابن حجر هو أن تلك السنة بداية سيطرة الجروانيين على بعض المناطق، وقد =

تعاني منه مملكة هرمز التي كان حكمها يشمل معظم سواحل الخليج العربي من جهة أخرى[1].

إن مثل هذا التغلغل والتوسع في النفوذ من قبل بني جبر سيثير مخاوف الجروانيين بدون شك، ولكنهم - الجروانيين - وجدوا أنفسهم مضطرين للتعامل معهم نتيجة لضعفهم، لذا لجؤوا إلى الاستعانة بشيخ بني جبر الشيخ زامل بن حسين بن ناصر الجبري العامري العقيلي النجدي[2] وأن يمنحوه مقابل مساعدته بعض الامتيازات المالية المجزية[3].

إن السؤال الذي يطرح نفسه هو: لماذا استعان الجروانيون بالشيخ زامل بن حسين بن ناصر دون غيره من المشائخ؟.

مما لاشك فيه أن زعيم بني جبر قد استفاد مما يمتلكه من قوة عسكرية، حيث كان بنو جبر يتميزون بالشجاعة والفروسية والإقدام، هذا الأمر جعل منهم قوة عسكرية لا يُستهان بها.

ونتيجة لهذه القوة التي تميَّز بها بنو جبر صار لهم مكانة كبيرة، وسعى الجميع للارتباط والتعامل معهم، ويبدو أن بني جبر كانوا يشترطون مبالغ مالية على أيّ طرف يريد التعامل معهم وتقديم المساعدة له.

= اشتهر من حكام تلك الدولة جروان وابنه ناصر وحفيده إبراهيم الذي كان موجودًا في الحكم سنة 820هـ/ 1417م، لذا يُرجَّح أن الدولة سقطت بعد هذا التاريخ.

(1) حول علاقة مملكة هرمز بكل من القطيف والبحرين يُنظَر: الحميدان، عبد اللطيف الناصر، «إمارة العصفوريين ودورها السياسي في شرق الجزيرة العربية»، مجلة كلية الآداب - جامعة البصرة، ع 15، 1979م، ص 108-113. وسيتم التعريف بمملكة هرمز في الفصل الثاني تحت عنوان العلاقة مع مملكة هرمز.

(2) سيتم التعريف بنسب الجبريين في ما سيأتي من الفصل الأول تحت عنوان اسم ونسب السلطان أجود.

(3) الحميدان، «إمارة العصفوريين ودورها السياسي في شرق الجزيرة العربية»، ص81-85. وحول الدولة العيونية. يُنظَر: الفصل الرابع تحت عنوان الأوضاع السياسية في قطر والقطيف والبحرين قبل توسّع السلطنة الجبرية.

لذا فقد استفاد شيخ بني جبر من تلك الثروة التي توفرت له، ومن الارتباط الذي نشأ بين التحالفات وسلطته؛ لاستمالة عدد من القبائل والموالين، ودمج عصبياتهم مع عصبيّة بني جبر وتكوين رابطة واحدة تنتسب للعشيرة الأساس وتُسمَّى باسمها، ويميّزها أساسًا العامل السياسي الذي ينطوي دون شك على اعتبارات اقتصادية [1]، وهكذا نجح شيخ بني جبر الشيخ زامل بن حسين بن ناصر الجبري في تكوين قوة سياسية وعسكرية.

3. قيام السلطنة الجبرية:

يبدو أن الجروانيين قد تنبَّهوا إلى تنامي قوة زعيم بني جبر، فشكُّوا في نواياه وساورتهم المخاوف، وأدركوا أنهم قد ساهموا كثيرًا في ترقية بني جبر وبروزهم كقوة لا يُستهان بها، وهذ الأمر دفعهم إلى محاولة التخلص من بني جبر وكسر شوكتهم، إلا أنّ تلك المحاولة باءت بالفشل الذريع وكانت وبالًا عليهم.

فمن الشواهد التاريخية التي تدلّ على ذلك ما ذكره السخاوي[2]، فقد أشار إلى أن حاكم بني جروان خطط لقتل سيف بن زامل الجبري - الساعد الأيمن لوالده زامل- لكن تلك المحاولة سرعان ما اكتشف أمرها، وأدَّت إلى ثورة بني جبر في وجه الجروانيين، إذ أغاروا على مركز حكمهم في الأحساء وقتلوا الحاكم الجرواني سنة 820هـ/ 1417م.

ومما تجدر الإشارة إليه هو ذلك اللُّبس والخلط في رواية السخاوي[3]،

---

(1) عزيز العظمة، ابن خلدون وتاريخه، بيروت، 1981م، ص55.

(2) شمس الدين أبو الخير محمد بن عبد الرحمن بن محمد بن أبي بكر بن عثمان بن محمد (ت: 902هـ/ 1496م)، الضوء اللامع لأهل القرن التاسع، منشورات دار مكتبة الحياة - بيروت، ج1، ص190.

(3) هناك الكثير من اللبس والخلط والغموض وردت في رواية السخاوي، وسنقوم بتوضيح ذلك في المواضع التي سوف يتم الاستشهاد بها.

فقد ذكر أن بني جروان أرادوا التخلص من سيف في السنة المذكورة، ويبدو أنه لم يُصِب كبد الحقيقة.

فمن المؤكد أن بني جروان خططوا للتخلص من زامل على اعتبار أنه رأس بني جبر وليس التخلص من ابنه سيف؛ لأن التخلص من سيف لا يعني شيئًا، كما أننا نشكّ أن سيف في سنة 820هـ/ 1417م قد وصل إلى مرحلة الفروسية وقيادة الحملات، فمن المحتمل أنه ما زال صغيرًا، ومن المؤكد أن محاولة التخلص من سيف كانت في سنة 843هـ/ 1439م، وسوف يتم ذكرها فيما بعد.

ورغم الالتباس في رواية السخاوي فإن هذا التاريخ هو الأقرب لقيام هذه السلطنة، كما أن هناك من الباحثين[1] مَنْ رجّح بداية قيام هذه السلطنة عند استيلاء بني جبر على السلطة في منطقة الأحساء وإقصاء بني جروان عنها وكان ذلك في حدود سنة 820هـ/ 1417م.

وبذلك أزال بنو جبر كيان الجروانيين من الأحساء، فكان هذا الحدث- السيطرة على الأحساء- بداية لقيام السلطنة الجبرية، وقد اتخذ بنو جبر من واحات الأحساء قاعدة للانطلاق والتوسّع وبسط نفوذهم في المناطق الشرقية الجزيرة العربية.

صفوة القول؛ إنّ بني جبر استثَمَروا ما تمتَّعوا به من نفوذ وقوة وما امتلكوه من حنكة سياسية ومقدَّرات عسكرية فائقة، كما استفادوا من حالة الضعف الذي كان يمرّ بها الجروانيون، فقاموا بسلسلة من الأعمال العسكرية الواسعة النطاق فاستطاعوا أن يحققوا الهدف.

على كل حال؛ فبعد استيلاء الجبُّوريين على الأحساء، وإقصاء بني جروان

---

(1) السعدون، خالد، مختصر التاريخ السياسي للخليج العربي منذ أقدم حضاراته حتى سنة 1971م، جداول للنشر والتوزيع - بيروت، الطبعة: الأولى، 2012م، ص72.

منها ما لبثوا أن قَضَوا على إمارة بني جروان نهائيًا، ومدوا سلطتهم على القطيف وسائر بلاد البحرين في حدود سنة 843هـ/ 1439م[1].

وعند مناقشة هذه الرواية نجد الآتي:

أ- أنّ قضاء بني جبر على الجروانيين في السنة المذكورة بسبب توتر العلاقة بينهما، وقيام الجروانيين بمحاولة اغتيال سيف بن زامل؛ هو أمر مسلم به.

ب- أما قيام بني جبر بمدّ سلطتهم على القطيف وسائر بلاد البحرين في حدود السنة المذكورة فهو أمر لا يُقبل التصديق به؛ لأن الأحداث تثبت أن السلطنة الجبرية لم تسيطر على القطيف إلا في عهد السلطان أجود، وقد كانت البحرين والقطيف تحت حكم مملكة هرمز ثُمّ آلتا للسلطنة الجبرية سنة 880هـ/ 1475م، وذلك بموجب الاتفاق الذي أُبرم بين السلطان أجود والملك سلغور[2]، الذي قضى بموجبه أن يقوم الطرف الأول بمساعدة الطرف الثاني على استعادة عرشه المسلوب (عرش مملكة هرمز)، ويحصل الطرف الأول على القطيف والبحرين مقابل هذه المساعدة، وفعلًا تم هذا الاتفاق[3].

وعلاوة على ذلك لنا أن نتساءل ماذا يُقصَد بالبحرين؟ هل يُقصَد بالبحرين ذلك الإقليم الواسع والشاسع الذي يشمل سواحل الخليج العربي كما هو محدد عن الجغرافيين الأوائل، أم البحرين المعروفة اليوم؟.

وأيًّا كان من أمر؛ ففي الحالتين لم يُصِب كبد الحقيقة، ففي تلك المدة

---

(1) الدامغ، «الدامغ، فهد، «التاريخ السياسي لبلاد اليمامة»، مجلة الدرعية، ع 32، يناير 2006م، ص59.

(2) سيتم التعريف به في الفصل الرابع تحت عنوان التوسّع في القطيف والبحرين.

(3) عن ذلك يُنظَر: الفصل الرابع تحت عنوان تنازل سلغور عن القطيف والبحرين.

بدأت تتبلور الأقاليم بأسمائها اليوم، ولم تكن بتلك العمومية، فمثلًا البحرين لم تُعرف في تلك الفترة بالبحرين المعروفة اليوم وهو أمر أكده ابن ماجد[1]، حيث ذكر البحرين بأنها جزيرة أوال.

نريد أن نقترب أكثر، ونُمسك بزمام الأمور فنقول إنه في السنة المذكورة نجح بنو جبرفي السيطرة على بعض أجزاء القطيف، ولعل ما يؤكد ذلك ما ذكره ابن بسام[2]، فقد نعت زامل بن الحسين الجبري في أحداث سنة 851هـ/ 1447م بملك الأحساء والقطيف.

وبناءً على ما ذكر نستطيع القول إن بني جبر استطاعوا أن يمدّوا نفوذهم على بعض المناطق في القطيف والبحرين، ومن المحتمل أن تلك المنطقة التي تمّ السيطرة عليها في سنة 843هـ/ 1439م هي قطر، ولعل ما يؤكد ذلك أنه أثناء عقد الاتفاق بين السلطان أجود وسلغور كانت قطر تحت حكم السلطنة الجبرية، وكان يحكمها زامل ابن السلطان أجود[3].

ومهما يكن من أمر فقد تمكّن سيف بن زامل من القضاء على بقايا الجروانين، وانتزع ما تبقى بحوزتهم من البلاد وملكها، وضَمَّها إلى ملك أبيه.

وعلى هذا الأساس فقد شهدت الجزيرة العربية مرحلة جديدة، وهي مرحلة قيام السلطنة الجبرية على يد زامل بن حسين الجبري في بداية العقد الثالث من القرن التاسع الهجري/ الخامس عشر ميلادي، وذلك بعد أن تمكّن زامل بن حسين من فرض سلطانه الفعلي على الأحساء أولًا، ثمّ مدّ نفوذه على

---

(1) أحمد بن ماجد (ت:906هـ/ 1500م)، الفوائد في معرفة علم البحر والقواعد، مخطوطة الكونجريس، رقم2008401696، ق70أ.

(2) عبد الله بن محمد (ت: 1246هـ/ 1830م)، تحفة المشتاق في أخبار نجْد والحجّاز والعراق، دراسة وتحقيق: إبراهيم الخالدي، شركة المختلف للنشر والتوزيع - الكويت، الطبعة: الأولى، 2000م، ص34.

(3) عن ذلك يُنظَر: الفصل الرابع، تحت عنوان التوسّع في قطر.

القطيف وأجزاء من إقليم نجد[1]، كما يعتبر زامل بن حسن الجبري مؤسس السلطنة وأول ملوكها وسلاطينها[2]، وهو أمر أكَّده مؤرخ الحجاز ابن بسّام[3]، حيث ذكره بملك الأحساء والقطيف.

وكان لزامل الجبري من الأولاد: سند وهلال وسيف وأجود، وقد لعب سيف دورًا سياسيًا كبيرًا في حياة والده، حتى عدَّه بعض المؤرخين مؤسس السلطنة الجبرية[4].

وهذا الإسقاط من قبل الباحثين لم يكن في محله، ويبدو أن ذلك بسبب دوره الكبير في عهد والده، مع أن الدلائل التي تمَّ ذكرها سابقًا تُشير إلى أن زامل هو مؤسس السلطنة الجبرية.

ومهما يكن من أمر، فقد انتقل الحكم إلى سيف بعد وفاة أبيه بحدود سنة 866هـ/ 1461م[5]، وعلى إثر وفاة سيف خلفه أخوه أجود في حدود سنة 872هـ/ 1467م[6].

---

(1) الحميدان، عبد اللطيف ناصر، «التاريخ السياسي لإمارة الجبُّور في شرق الجزيرة العربية»، مجلة كلية الآداب - جامعة البصرة، ع 16، السنة 14، 1980م، ص40.

(2) يُفهم بأن زامل هو المؤسس من خلال ترجمة نجم الدين الغزي (ت: 1061هـ/ 1650م) لصالح بن سيف بن زامل حينما قال : بأنه «من بيت السلطنة هو وأبوه وجده». يُنظَر: الكواكب السائرة بأعيان المئة العاشرة. تحقيق: جبرائيل جبور، دار الآفاق - بيروت، الطبعة: الثانية، 1979م، ج1، ص215. وهو أمر أكّده ابن العماد حيث ذكر العبارة نفسها التي أوردها نجم الدين الغزي. يُنظَر: عبد الحي بن أحمد بن محمد العكري الحنبلي (ت 1089هـ/ 1677م)، شذرات الذهب في أخبار من ذهب، تحقيق: عبد القادر الأرناؤوط ومحمود الأرناؤوط، دار ابن كثير - بيروت، 1406هـ، ج8، ص172.

(3) تحفة المشتاق، ص34.

(4) الحميدان، «التاريخ السياسي لإمارة الجبُّور في شرق الجزيرة العربية»، ص19.

(5) السلمان، الغزو البرتغالي، ص119.

(6) سيتم مناقشة ذلك في الفصل الأول تحت عنوان تولي السلطان أجود الحكم.

لقد تميَّز السلطان أجود بمميزات سياسية وعسكرية تؤهّله لتوسيع نفوذه، ولذلك شارك والدَه في بناء الدولة وكذا شارك أخاه سيفًا من بعد والده، وأظهر خلال ذلك مواهب أكسبته الاحترام والهيبة بعد تولّيهِ السلطة، فنجح في دفع حدود سلطنته، ووسع مناطق نفوذها إلى بقاع واسعة وذلك بِضَمِّه البحرين وعمان[1]، وأجزاء واسعة من نجد حتى صار يُلَقَّب برئيس نجد[2] وما وَالَى تلك البلاد من العراق، كما استطاع السيطرة على جزيرة هرمز[3] لمدة قصيرة من الزمن[4]، ليصبح بذلك أقوى زعماء جزيرة العرب وحكامها وعلى وجه الخصوص عند سواحل الخليج العربي[5].

لقد تزامن ظهور السلطنة الجبرية مع انتشار الفوضى والاضطرابات والتخريب والدمار الواسع في كل من العراق وإيران، وديار بكر والأناضول وشمال بلاد الشام وغيرها من الأقاليم، فمنذ بداية العقد الثاني من القرن التاسع الهجري/ الخامس عشر ميلادي شهدت تلك المناطق صراعات وحروبًا حول السلطة والنفوذ بين الدولة التيمورية ودولة قرة قوينلو[6]، وكذلك

---

(1) الحميدان، عبد اللطيف ناصر، «مكانة السلطان أجود بن زامل الجبري في الجزيرة العربية»، مجلة الدارة، ع 14، السنة 7، 1982م، ص 56-76.

(2) السخاوي، الضوء اللامع، ج1، ص190.

(3) يقصد أنه ملك جزيرة هرمز، وتسمى جزيرة (جرون) أيضًا، ويبدو أن ذلك مقابل مساعدته سلغور، فقد ذكر ابن ماجد أنه من شروط المساعدة التي يقدمها السلطان أجود لسلغور، أن يتنازل سلغر للسلطان أجود عن جزيرة هرمز، وقد استثنى بعض بساتينها. يُنظَر: ابن ماجد، الفوائد، ق70أ. ولمزيد عن تلك الشروط ينظر الفصل الرابع.

(4) ابن شاهين، عبد الباسط بن خليل المليطيُّ (ت: 920هـ/ 1514م)، المَجمع المُفَنَّن بالمُعْجَم المُعَنْوَن، تحقيق: عبد الله محمد الكندري، دار البشائر الإسلامية - بيروت، الطبعة: الأولى، 1403هـ/ 1983م، ص217.

(5) الحميدان، «مكانة السلطان أجود بن زامل الجبري في الجزير العربية»، ص70.

(6) قرة قوينلو أو القراقويونلو أو القره قويونلو أو الخرفان السود: قبيلة من التركمان حكمت شرق الأناضول، أذربيجان، القفقاس وبعض الأجزاء من إيران والعراق، وكان مقرها تبريز، وينتمي =

ما بين الدولتين المذكورتين ودولة آق قوينلو[1]، ثمَّ أخيرًا ما بين الدولة الأخيرة والدولة العثمانية، ولم تَسْلَم الدولة المملوكية في مصر والشام من التورط بجانب من هذه الصراعات.

يُضَاف إلى كل ذلك الصراعات الداخلية الدامية حول السلطة في داخل كل من هذه الدول، كما يجب أن لا يغيب عن بالنا الاضطرابات في العراق ومنطقة الخليج العربي[2].

إن هذه الاضطرابات التي حلَّت بديار الإسلام كان لها الأثر الكبير في مجريات الأمور المختلفة، فقد نتج عن كل ذلك أن أصيبت الحركة التجارية

= القراقويونلو إلى الأتراك الغز (الأويغور)، تسموا باسم حيوانهم المقدس، وكان الخروف شعارهم كما كانوا يتخذونه للتمائم، وقد بلغت أقصى اتساعها في عهد جهنشاه الذي استطاع أن ينهي خطر التيموريين الذين استولوا على مناطق وسط وجنوب إيران وفارس وكرمان، ثم هراة إلا أنه مُنِيَ بهزيمة ساحقة أمام الآق قويونلو سنة872هـ/ 1467م وسقطت في السنة التي تلتها. يُنظَر : العاني، نوري عبد الحميد، العراق في القرن الخامس عشر، بغداد، 2002م، ص1، 20-26، 91-106؛ استانلي لين بول، الدولة الإسلامية، ترجمة: محمد صبحي فرزات، القسم الثاني، مطبعة الملاح - دمشق، 1974م، ص556؛ طبقات سلاطين الإسلام، ترجمه للفارسية: عباس إقبال، ترجمه عن الفارسية: مكي طاهر الكعبي، حققه: وقابله علي البصري، دار منشورات البصري، 1388هـ/ 1968م، ص235.

(1) آق قوينلو أو الآق قويونلو أو الآغ قويونلوأو الخرفان البيض: من القبائل التركمانية التي تنحدر من الأتراك الأغوز أوما يعرف بالغز، حكمت في شرق الأناضول، أذربيجان، فارس، العراق أفغانستان وتركستان ما بين 872هـ/ 1467م-908هـ/ 1502م، ويرجع أصل التسمية إلى بعض العادات القديمة التي أضفت طابعًا مقدسًا على هذا الحيوان) الخروف (وجعله حامي القبيلة وشعارها، وقد بلغت الدولة أوجها في عهد حسن قوصون الذي استطاع القضاء على دولة الخرفان السود، ومن ثم بدأ في ضم أراضيها إلى مملكته. يُنظَر: العاني، العراق في القرن الخامس عشر، ص103 وما بعدها؛ استانلي لين بول، الدولة الإسلامية، ص563؛ البدليسي، شرف خان، شرف فنامة، بغداد، 1962م، ج2، ص354؛ الجواهري، عماد أحمد، «الآق قوينلو (نموذج من العلاقات السياسية)»، مجلة دراسات عربية، ع2، السنة 19، 1982م.

(2) محمود شاك، موسوعة تاريخ الخليج العربي، دار أسامة للتوزيع وانشر - عمّان، 2005م، ص158 - 159.

بالشلل، كما تعثرت حركة القوافل التجارية ما بين الحواضر الإسلامية، ومنها حواضر الخليج العربي التي عانت من ذلك، فكانت أشد الأمصار تضررًا.

وقد تمثَّل الضَّرر التجاري على مناطق الخليج العربي بتحوُّل الطرق التجارية وخصوصًا البحرية، فقد تحوَّلت هذه الطرق إلى البحر الأحمر والمحيط الهندي، فانعكس ذلك سلبًا على النشاط التجاري، حيث أخذ التجار يتطلعون للمناطق الأكثر استقرارًا ونشاطًا، فبدؤوا يتَّجهون شطر تلك المناطق.

إن هذا الوضع المؤسف الذي خيَّم على المنطقة كاد أن يعصف بالأوضاع السياسية والاقتصادية، لذا فقد كان لقيام السلطنة الجبرية الأثر الكبير والدور المهم في استتباب الأوضاع الأمنية، وانتعاش التجارة، وعودة الأمور إلى مجاريها، وما كان هذا الأمر أن يتم لولا تلك الجهود الجبارة والدور الكبير التي قامت به السلطنة الجبرية في المنطقة الشرقية للجزيرة العربية، لذا فإن قيامها كان ضرورة حتمية اقتضتها الظروف السائدة آنذك.

وعلاوة على ذلك فقد جاء قيام السلطنة الجبرية نتيجة لمجموعة من العوامل والظروف التي كانت تعيشها المنطقة والقوى المحلية التي تسيطر على إقليم الساحل الشرقي للجزيرة العربية، وتعاني من التفكك والتشرذم والتناحر، وخلوّ الساحة من سلطة قوية، فالدولة الجروانية كانت في ذلك الوقت تلفظ أنفاسها الأخيرة.

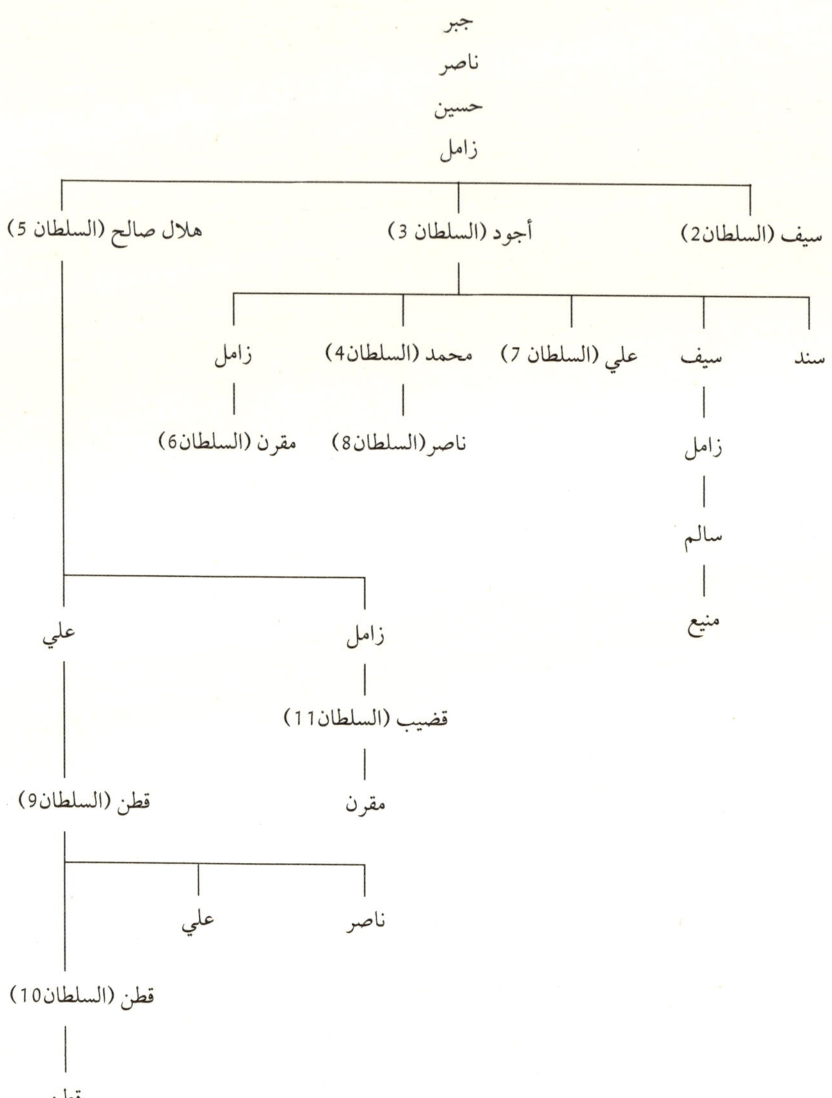

جبر
ناصر
حسين
زامل
هلال صالح (السلطان 5)
أجود (السلطان 3)
سيف (السلطان2)
زامل
محمد (السلطان4)
علي (السلطان 7)
سيف
سند
مقرن (السلطان6)
ناصر(السلطان8)
زامل
سالم
منيع
علي
زامل
قضيب (السلطان11)
قطن (السلطان9)
مقرن
علي
ناصر
قطن (السلطان10)
قطن

الفصل الأول

سيرة السلطان أجود ونظام حكمه

المبحث الأول

سيرته

من خلال الاطلاع والقراءة في كتب التاريخ والتراجم-حسب جهدي -، حاولت أن أرسم صورة تقريبية لحياة السلطان أجود، إذ لم أقف على بحث طويل يحوي سيرته كاملة، فقمت بحصر شامل لما ورد عنه من شذرات، وذلك من خلال المعلومات المتناثرة في المصادر المختلفة التي اضطررت إلى مسحها مسحًا كاملًا لعلي أجد هنا أو هناك معلومات تساعدني على تدوين جوانب من سيرته، ثمّ تم تنسيقها وتكّوين سيرة بسيطة منها لسيرة السلطان أجود.

وفي السطور الآتية سوف نستعرض نسبه ومولده ونشأته وصفاته، ونبين إخلاصه في عمله، وصدق إيمانه، وحبه للعلم، ثمَّ نُعرّج على تولّيه الحكم، وتفانيه في تدعيم سلطنته، وأخيرًا وفاته.

1. نسبه ومولده:

أ- نسبه:

هو أجود بن زامل العُقيلي الجبري النجدي الأصل المالكي المعروف والمشهور بابن جبر، وسمي بذلك نسبة لجد له اسمه جبر، ولذا يقال له ولطائفته بنو جبر[1]، ويقال: «... إن اسمه محرز ويلقب بالأجود، ويقال: بل

---

(1) السخاوي، الضوء اللامع، ج1، ص 190؛ ابن شاهين، المَجْمع المُفَنّن بالمُعْجَم المُعَنْوَن، ج1، ص217.

اسمه العَلَم»؛ أي أن اسمه أجود [1].

أما نسب بني جبر فهم من عقيل، وقد التبس على البعض نسب بني عقيل بن عامر، والسبب فيه وجود عقيل بن عامر بن ربيعة وآخر عقيل بن عامر بن صعصعة، وعاش العقيلان في الزمن نفسه تقريبًا، مما أحدث الالتباس والخلط [2].

وهناك من يذكر أن اسمه أجود بن زامل العقيلي الجبري العامري، وهو أول من ملك الأحساء في رمضان سنة 821 هـ/ 1418م، ودام حكم بني جبر حتى آخر المئة العاشرة للهجرة [3].

---

(1) السخاوي، الضوء اللامع، ج1، ص190؛ ابن شاهين، المَجمع المُفَنّن بالمُعْجَم المُعَنْوَن، ص217.

(2) قيل إن آل جبر من آل مضا من بني قيس من بني عقيل بن عامر بن صعصعة العدنانيين. يُنظَر تسلسل نسب آل جبر عند: النجم ابن فهد، جار الله بن الزّبن بن النجم بن فهد المكي الهاشمي (ت: 954هـ/ 1547م)، نيل المنى بذيل بلوغ القرى لتكملة إتحاف الورى (تاريخ مكة المكرمة من سنة 922ه إلى 946ه)، تحقيق: محمد الحبيب الهيلة، مؤسسة الفرقان للتراث الإسلامي - مكة المكرمة، الطبعة: الأولى، 1420هـ/ 2000م، ص421. وتابعه في ذلك المؤرخ عبدالقادر الجزيري (ت : 977هـ/ 1569م) في كتابه الدرر الفرائد ص 374.

ولمزيد من المعلومات حول النسب والانتساب إلى عقيل بن عامر بن ربيعة أو عامر بن صعصعة، وكذلك عامر بن أسد بن ربيعة يُنظَر: ابن فضل الله العمري، شهاب الدين أحمد بن يحيى بن فضل الله القرشي العدوي العمري (ت: 749هـ/ 1348م)، مسالك الأبصار في ممالك الأمصار، المجمع الثقافي - أبو ظبي، الطبعة: الأولى، 1423هـ، ج4، ص355؛ القلقشندي، أبو العباس أحمد بن علي(ت: 821هـ/ 1418م)، نهاية الأرب في معرفة أنساب العرب، تحقيق: إبراهيم الإبياري، دار الكتاب - بيروت، الطبعة: الثانية، 1400 هـ/ 1980م، ص106، 365-366.

وقد ناقش عدد من الباحثين المتأخرين سلسلة نسب بني عامر يُنظَر: ابن عقيل، أبو عبد الرحمن بن عقيل الظاهري، أنساب الأسر الحاكمة في الأحساء، دار اليمامة للترجمة والنشر - الرياض، 1983م، ص 310-311؛ كحالة، عمر بن رضا بن محمد راغب بن عبد الغني الدمشقي، معجم قبائل العرب القديمة والحديثة، مؤسسة الرسالة - بيروت، الطبعة: السابعة، 1414هـ/ 1994م، ج4، ص8؛ الجاسر، حمد، جمهرة أنساب الأسر المتحضرة في نجد، منشورات دار اليمامة للترجمة والنشر - الرياض، الطبعة: الثالثة، 1421هـ/ 2001م، ص91 - 92.

(3) كحالة، معجم قبائل العرب القديمة، ج4، ص8.

ويبدو أن هذا القول ينافي الحقيقة التي ذكرتها المصادر التاريخية، لذا لا يمكن القبول بهذه الرواية لعدد من الأسباب نرصدها بالآتي:

أ- جعلت سنة ولادته التي ذكرتها المصادر هي السنة نفسها التي استولى على منطقة الأحساء.

ب- ذكر الرواية سيطرة السلطان أجود على الأحساء سنة 821هـ/ 1418م بدلًا من والده زامل بن حسين.

ومهما يكن من أمر؛ فقد كان السلطان أجود يكنى بـ: «أبا سند»، وقد دلت على هذه الكنية العديد من الأبيات الشعرية، فمن تلك الأشعار أشعار شاعر الدولة الجبرية ابن زيد[1] إذ يقول[2]

حقيقٍ بها مــن أرض ما ينــزل أجود   أبــا ســندٍ ســلطان قيــسٍ عمودهــا

وفي قصيدة أخرى:

أبــا ســندٍ زبــن المشــافيق أجــود   إلــى مــا غــدى المســتاخرين غواد

وفي قصيدة أخرى:

أبــا ســندٍ حــرج الجــواد ابن زامل   إلــى جذّبــوا شــرثاتها مــن لحوقها

لم تكن أشعار ابن زيد هي الوحيدة التي ذكرت كنيته، بل هناك أشعار أخرى، فمنها على سبيل المثال قصيدة سليمان بن سليمان النبهاني[3] التي أرسلها للسلطان أجود، فقد ذكر فيها قوله:

أبا ســندٍ قــرْم المـلوكِ ابن زامـلٍ   ومـن يتّقيـه فـي المِكــرِّ المُصادِمُ

---

(1) عن ابن زيد وأشعاره وبعض قصائده التي مدح بها السلطان أجود يُنظَر: الفصل الثالث تحت عنوان التوسّع في نجد.

(2) يُنظَر تلك الأبيات: الصُّوَيَّان، سعد العبد الله، الشعر النبطي ذائقة الشعب وسلطة النص، 2000م، ص286، 301، 304.

(3) عن سليمان النبهاني والقصيدة الشعرية يُنظَر: الفصل الثالث تحت عنوان التوسّع في عمان.

وعلى الرغم من أن المصادر لم تشر إلى أن للسلطان أجود ابنًا اسمه سند، فإننا نرجح أن له ابنًا بهذا الاسم، وهو الذي كُنِّي به، ونعتقد أن سندًا هو ابنه الأكبر؛ لأن العرب تكنى في الأغلب باسم الابن الأكبر.

أما عدم ظهوره - سند - على مسرح الأحداث السياسية كغيره من إخوانه فنعتقد أنه توفي قبل أن يبلغ من العمر مرحلة النضوج السياسي، أو ربما كان لديه إعاقة أقعدته عن الظهور على مسرح الأحداث السياسية.

ب- مولده:

ذكر السخاوي[1] أن مولد أجود بن زامل كان في شهر رمضان من سنة 821هـ/ 1418م في بادية الأحساء، ويبدو أن السخاوي هو أول من ذكر تاريخ وفاته، حيث كان معاصرًا له، لذا فقد نقل المؤرخون[2] الذين جاؤوا من بعده ترجمة أجود بما فيها سنة ولادته عنه، بدليل أن الترجمة التي ذكرها بعض المؤرخين تطابق كثيرًا ترجمة السخاوي.

وعلى الرغم من أن السخاوي كان معاصرًا للسلطان أجود إلا أننا نشك أن ولادته كانت في سنة 821هـ/ 1418م، فعند دراسة رواية السخاوي[3] نجد أنها

---

(1) الضوء اللامع، ج1، ص190.

(2) يُنظَر على سبيل المثال: ابن شاهين، المَجْمع المُفَنّن بالمُعْجَم المُعَنْوَن، ص217.

(3) نص رواية السخاوي كالآتي: «أجود بن زامل الْعقيليّ الجبري نِسْبَة لجد لَهُ اسْمه جبر؛ وَلذَا يُقَال لَهُ ولطائفته بَنو جبر النجدي الأَصْل الْمَالِكِي مولده ببادية الحسا والقطيف من الشرق فِي رَمَضَان سنة إِحْدَى وَعشْرين وَثَمَانمِائَة. وَقَامَ أَخُوهُ سيف على آخر وُلَاة الجراونة بقايا القرامطة حِين رام قَتله، وَكَانَ الظفر لسيف بِحَيْثُ قَتله، وانتزع الْبِلَاد الْمشَار إِلَيْهَا وملكها وَسَار فِيهَا بِالْعَدْلِ فدان لَهُ أَهلهَا، وَلما مَاتَ خَلفه أَخُوهُ هَذَا بل اتسعت لَهُ مَمْلَكته بِحَيْثُ ملك الْبَحْرين وعمان، ثمَّ قَامَ حَتَّى انتزع مملكة هرموز ابْن أَخ لصرغل كَانَ اسْتَقر فِيهَا بعد موت أَبِيه وضيق على الابْن الْمشَار إِلَيْهِ وَصَارَ صرغل يبْذل لَهُ مَا كَانَ يبذله لَهُ أَخُوهُ أَو أَزِيد وَصَارَ رَئِيس نجد ذَا أَتبَاع يزِيدُونَ على الْوَصْف مَعَ فروسية تعدّدت فِي بدنه جراحات كَثِيرَة بِسَبَبِهَا، وَله إِلْمَام بالفروع) الْمَالِكِيَّة واعتناء بتحصيل كتبهمْ، بل اسْتَقر فِي قَضَائِهِ بِبَعْض أهل السّنة مِنْهُم بعد أَن =

رواية في أحداثها إرباك وتداخل، وكذلك لبس في الشخصيات المذكورة فيها.

لهذا هناك عدد من المآخذ تؤخذ على هذه الرواية نرصد أهمها بالآتي:

أ- لم تذكر الرواية زامل الجبري وهو الذي أسس السلطنة الجبرية.

ب- ربطت الرواية بين أحداث حصلت متأخرة، وهي قضاء سيف على القرامطة التي حصلت في سنة 843هـ/ 1439م، ونسبتها إلى سنة 821هـ/ 1418م.

ج- الخلط بين ترجمة سيف وأخيه أجود.

د- ذكرت الرواية عبارة فيها من الغموض وهي: «أَجود بن سيف بن زامل الجبري. مَاتَ فِي أجيرك فِي جيربك بِدُونِ همز»

هذه العبارة تفيد وكأن السخاوي:

- جعل أجود ابنًا لسيف وليس ابن زامل، بدليل أنه لم يذكر زاملًا في هذه الرواية.

- ذكر السخاوي عبارة فيها غرابة، إذ قال: «... أَفَادَ حَاصله السَّيِّد السمهودي وَبَالغ معي فِي شَأْنه [السلطان أجود] وَهُوَ مِمَّن يكثر الْبَذْل لَهُ»، ومقصد السخاوي من هذا أن السمهودي عندما تحدث مع السخاوي عن السلطان أجود قد بالغ في وصفه ورفع شأنه، وعلل سبب ذلك في أن السمهودي صديق مقرب من السلطان أجود، حيث كان السلطان أجود كثير العطاء للسمهودي.

= كَانُوا شيعَة، وَأَقَامُوا الْجُمُعَة وَالْجَمَاعَات وَأكْثر من الحجّ فِي أَتبَاع كثيرين يبلغون آلافًا مصاحبًا للتصدق والبذل وَغَيرهم. أَفَادَ حَاصله السَّيِّد السمهودي وَبَالغ معي فِي شَأْنه وَهُوَ مِمَّن يكثر الْبَذْل لَهُ أَجود بن سيف بن زامل الجبري. مَاتَ فِي أجيرك فِي جيربك بِدُونِ همز». الضوء اللامع، ج1، ص190.

وبناءً على ذلك نستطيع القول إن السخاوي لم يُدوِّن ما سمعه من السمهودي، ولو كان دوّن ما سمعه لكنا عرفنا الكثير عن هذا السلطان، هذا إذا ما عرفنا أن الكثير من مؤلفات السمهودي قد احترقت في غرفته المجاورة للمسجد النبوي الذي تعرَّض للحريق، فكانت - كما أحسب- الكارثة التي أطاحت بالسجل التاريخي للسلطان أجود.

- كما تفيد هذه العبارة أنه كان يريد أن يُترجم لشخصية من بني جبر ولم تكتمل ترجمته.
- ربما أن السخاوي ترك ترجمة السلطان أجود مفتوحة ولم يكملها، فأغفل عن ذلك نتيجة السهو، فخرجت إلينا بهذا الشكل.

وبناءً على ما ذكر فإننا نشكك أن تكون سنة 821هـ/ 1418م هي سنة ولادة السلطان أجود؛ للالتباس الذي وقع فيه السخاوي، وعلى هذا الأساس نرى أن ولادة السلطان أجود كانت متأخرة عن سنة 821هـ/ 1418م.

2. نشأته وصفاته:

أ- نشأته:

نشأ السلطان أجود بن زامل الجبري على خير وصلاح وديانة، لذا كان له صيت عليّ وسمعة كبيرة، وإليه توجه وميول إلى دراسة الفقه، فكان له انتساب بمذهب مالك، وقد أبحر فيه لدرجة أنه صار يعرف بعض فروع هذا المذهب، وكان لديه إلمام كامل بها، كما عرف عنه ولعه بجمع وتحصيل ودراسة كتب المالكية[1].

وكان ملتزمًا ويقيم الشعائر الإسلامية، محافظًا على الجمعة وحضور الجماعات، كثير الحجّ، فانعكست هذه النشأة على سلوكه فيما بعد، كما كان

---

(1) يُنظَر على سبيل المثال: ابن شاهين، المَجْمع المُفَنّن بالمُعْجَم المُعَنْوَن، ص217.

من كرماء الملوك، ووصف أيضًا بأنه كثير العدل والإحسان[1].

وعلى الرغم من هذه المعلومات المقتضبة التي ذكرها المؤرخون عن نشأته، فإنها تعطينا فكرة طيبة عن نشأته، لذا نستطيع القول إنّه نشأ في أسرة محافظة على القيم الدينية السمحاء التي عملت أسرته على غرسها فيه، وجعلتها سلوكًا ومنهاجًا له.

لقد ظهرت هذه التربية الأصيلة في شخصية أجود؛ تُلاحظ وتُقاس في ورعه وتدينه، وإحسانه وعدله وغيرها من الأوصاف التي سوف نلاحظها في صفاته.

ب- صفاته:

كل المصادر التي ذكرت وترجمت للسلطان أجود تكاد تجمع على ذكره ووصفه بصفات نبيلة وحميدة تدل على أصالته العربية، كما تدلُّ تلك الأوصاف والنعوت التي وُصِف بها على أخلاقه وقيمه الإسلامية النبيلة.

فقد وُصِف بأنه من مشاهير الملوك[2] شهرةً وذو صيت متّسع، تميز بالكرم والإفضال والعطاء والنوال وعلو الهمة والمحاسن الجمة، وعرف بتعففه وورعه[3]، فريد الوصف والنعت صلاحًا وإفضالًا، وكان حسن العقيدة أبو الجود أجود[4]، ومن كثرة كرمه كان يطلق على قومه الأجواد، لأنهم يجودون

---

(1) ابن شاهين، المَجْمع المُفَنّن بالمُعْجَم المُعَنْوَن، ص217.

(2) العسيري، أحمد معمور، موجز التاريخ الإسلامي منذ عهد آدم عليه السلام (تاريخ ما قبل الإسلام) إلى عصرنا الحاضر 1417 هـ/ 96-1997م، فهرسة مكتبة الملك فهد الوطنية - الرياض، الطبعة: الأولى، 1417 هـ/ 1996 م، ص281.

(3) ابن شاهين، المَجْمع المُفَنّن بالمُعْجَم المُعَنْوَن، ص217.

(4) السمهودي، نور الدين أبو الحسن علي بن عبد الله بن أحمد الحسني الشافعي (ت: 911هـ/ 1505م)، وفاء الوفاء بأخبار دار المصطفى، دار الكتب العلمية - بيروت، الطبعة: الأولى، 1419هـ، ج3 ص225.

بكل ما لديهم وما يملكون لكي يكرموا الضيف، ويوفوه حقّه وحقّ الضيافة، ثمّ أصبحوا مثالًا يُحتذَى بهم في الكرم، فيقول الناس فلان (كريم)، لشدة كرمه وكثرة عطائه للضيف[1].

كما عُرف عن السلطان أجود تميُّزه بالتسامح وخصوصًا التسامح المذهبي، ولعل ما يؤكد لنا ذلك أنه قد استعان في قضائه ببعض فقهاء أهل السنة بعد أن كانوا شيعة[2].

كما كان السلطان أجود ذا فروسية مقدامًا في الحرب، لذا فقد تعددت في بدنه جراحات كثيرة بسبب بسالته وشجاعته[3].

إن هذه الصفات الحميدة التي تميَّز بها السلطان أجود لم تأتِ من فراغ، وإنما كانت نتيجة للتربية الحميدة والنشأة الحسنة، والتزامه بالسلوك الإسلامي السوي، لهذا فقد اجتمعت فيه من الصفات والفضائل التي قلما تجتمع في غيره.

إذن فلا عجب ولا غرو أن نقول إن السلطان أجود بن زامل اجتمعت فيه الفضائل والمزايا والصفات التي تبددت في غيره، وليس في هذا مبالغة فقد شهد بهذا كل من ترجم له من المؤرخين.

3. تولّيهِ الحكم:

لم تُشِر المصادر التي تمّ الرجوع إليها عن السنة التي تولى السلطان أجود فيها مقاليد الحكم في السلطنة الجبرية، وهذا الأمر جعل الحميدان[4] يرجّح توليه الحكم سنة 875هـ/ 1470م.

---

(1) ابن عقيل، الأسر الحاكمة، ص 311.

(2) السخاوي، الضوء اللامع، ج1، ص190.

(3) السخاوي، الضوء اللامع، ج1، ص190.

(4) «مكانة السلطان أجود بن زامل الجبري في شبه الجزيرة العربية»، ص60.

لكن بعد العثور على رسالة السلطنة البهمنية[1] التي بعثها وزير السلطنة البهمنية محمود القانوني[2] للسلطان أجود جعل الحميدان[3] يتراجع عن هذا التاريخ، حيث حدد أن المراسلة كانت بحدود سنة 874هـ/ 1471م، مما جعله يعتقد أن تولّي السلطان أجود الحكم قبل سنة 874هـ/ 1471م.

ويبدو أن الحميدان قد أصاب كبد الحقيقة فيما ذهب إليه، وبحسب ما جاء في رسالة الوزير القانوني من ألفاظ تدل على شهرة السلطان أجود ومعرفته بدوره وثقله وما يتمتع به من نفوذ، وهذا إن دلّ على شيء فإنما يدلّ على أن الوزير لديه معرفه سابقة بالسلطان أجود؛ هذه المعرفة لا تُوحي بأنها لمدة قصيرة، لهذا نعتقد أن تولّي السلطان أجود مقاليد الحكم قبل سنتين من سنة 874هـ/ 1469م؛ أي بحدود سنة 872 هـ/ 1467م.

4. وفاته:

من المعلومات التي يكتنفها الغموض عن تاريخ السلطنة الجبرية بصفة عامة، ومُدد سلاطينها بصفة خاصة، هو عدم معرفة ابتداء وانتهاء حكم كل سلطان من سلاطين هذه السلطنة.

ومثلما كانت سنة تولي السلطان أجود الحكم غير معروفة، فكذلك سنة وفاته هي الأخرى غير معروفة إذ إن المصادر التي تمّ الرجوع إليها لم تذكر سنة وفاته، ومما يزيد الغموض هو صمت المصادر عن ذكر أخبار

(1) سيأتي التعريف بها فيما سيأتي تحت عنوان العلاقة مع الهند من هذا الفصل.

(2) عماد الدين محمود بن أحمد القانوني، أصله من جيلان على بحر غزوين، وقد قربه سلطان السلطنة البهمنية أحمد شاة الثاني وجعله وزيره، وأطلق عليه لقب «ملك التجارة»، كما أطلق عليه لقب «جيهان شاة»، قُتل في سنة 886هـ/ 1481م، يُنظَر: الحميدان، «مكانة السلطان أجود بن زامل الجبري في شبه الجزيرة العربية»، ص57-59.

(3) «مكانة السلطان أجود بن زامل الجبري في شبه الجزيرة العربية»، ص 74.

السلطان أجود بعد سنة 900هـ/ 1494م، هذا إذا ما استثنينا بعض الروايات التي لا تتجاوز أصابع اليد الواحدة، والتي أشارت إشارات مقتضبة، ومما زاد الطين بلة التضارب في هذه الروايات بشكل كبير، ومع هذا فإننا سوف نقوم باستحضار تلك الروايات ومحاولة استنطاقها، لعلنا نستطيع أن نحدد سنة وفاته أو على الأقل نقترب من ذلك، مع أن تحديدها بشكل دقيق فيه مجازفة.

أ- ذكر الروايات التاريخية:

من خلال الوقوف على المصادر التي بين أيدينا نجد أن العصامي[1] يذكر أن السلطان أجود حجّ سنة 911هــ/ 1505م، أما ابن بسّام[2] فقد أورد النص نفسه تقريبًا، إلا أنه جعل السنة التي أدَّى فيها السلطان أجود الحجّ سنة 912هـ/ 1506م، ويؤكد ما ذكره ابن بسّام العلامة والمؤرخ ابن بشر[3] حيث يذكر أنه في سنة 912 هـ/ 1506م حجّ السلطان أجود.

فمن خلال الروايات السابقة يظهر الغموض والتداخل في السنة الأخيرة التي حجّ فيها السلطان أجود، لكن هناك رواية ربما نستطيع بها أن نضع حدًّا لوفاة السلطان أجود، وهذه الرواية هي ما ذكره ابن فرج[4]، إذ ذكر أنه في سنة

---

(1) عبد الملك بن حسين بن عبد الملك العصامي المكي (ت: 1111هـ/ 1699م)، سمط النجوم العوالي في أنباء الأوائل والتوالي، تحقيق: عادل أحمد عبد الموجود وعلي محمد معوَّض، دار الكتب العلمية - بيروت، الطبعة: الأولى، 1419 هـ/ 1998م، ج4، ص317.

(2) تحفة المشتاق، ص64.

(3) عثمان بن عبد الله(ت:1290هـ/ 1873م)، عنوان المجد في تاريخ نجد، حققه وعلَّق عليه: عبدالرحمن بن عبد اللطيف بن عبد الله آل الشيخ، مطبوعات دار الملك عبد العزيز - الرياض، 1403هـ/ 1983م، ج2، ص299.

(4) عبد القادر بن أحمد بن محمد(ت: 1010هـ/ 1601م)، السلاح والعُدَّة في تاريخ بندر جدة، حققه وقدَّم له: علي محمد عمر، مكتبة الثقافة الدينية - بور سعيد، ص41.

912هـ/ 1508م وصل إلى الحجّ محمد بن أجود سلطان البريين[1] والبحرين والأحساء والقطيف ومعه خمسون ألفًا من الجند.

وقبل كل شيء لابد من الاعتراف بأن هذا التضارب والاختلاف بين الروايات المذكورة يجعلنا في حيرة من إصدار حكم قطعي وجازم، لكن وجب علينا مناقشة هذه الروايات ومدى صحتها لنصل إلى نتيجة تكون قريبة من الحقيقة:

ب- طريقة إصدار الحكم على الروايات التاريخية:

قبل مناقشة الروايات لابد أن نوضِّح المرجعية التي من خلالها سيتمّ إصدار الحكم؛ لأنه من غير المنطقي الحكم بطريقة التخمين، لذا فطريقة الحكم تقوم على الآتي:

- نجعل من رواية ابن فرج المقياس والميزان الذي من خلاله نحدد نهاية حكم السلطان أجود، على اعتبار أن هذه الرواية ليس لها صله بتحديد سنة وفاة السلطان أجود، لكنها رواية تحمل مضمونًا يفيد ببداية عهد سلطان جديد، وهو عهد السلطان محمد بن أجود.
- نفترض أن رواية العصامي هي الرواية التي حدَّدت سنة وفاة السلطان أجود، ومع هذا فهو مجرد افتراض حتى يتمّ التأكد من مدى الصحة أو النفي.
- سنحتفظ برواية ابن فهد - لم تُذكر مع الروايات - ونستخدمها كدليل إثبات.

(1) لم نقف في المصادر التي بين أيدينا على معنى كلمة البريين، ويحتمل أن يكون المقصود بالبريين هو بر شبه جزيرة قطر وبر جزيرة البحرين

ج- مناقشة الروايات التاريخية:

إن ما ذكره ابن بسام من أن السلطان أجود حجّ سنة 912هـ/ 1506م لا يُعتمد عليه لسببين هما:

الأول: خلْطُ ابن بسام[1] في أسماء بني جبر، ولعل ما يؤكّد ذلك توهُّمه أن السلطان أجود بن زامل قام بحملات تأديبية سنة 916هـ/ 1510م، وكذلك سنة929هـ/ 1522م، وهذا أمر لا يمكن تصديقه، إذ إنه في هذه المدة - إلى سنة929هـ/ 1522م - قد تولَّى أكثر من سلطان بعد السلطان أجود، وقد دلَّت المصادر التاريخية على ذلك.

الثاني: أن رواية ابن فرج تذكر أنه في سنة 912هـ/ 1506م وصل إلى الحجّ محمد بن أجود سلطان البريين والبحرين والأحساء والقطيف، وهذا يدل على أن السلطنة قد آلت إلى محمد بن أجود رسميًا، كما أن هذه الرواية موثوق بها لقرب ابن فرج من هذا العصر.

وعلى هذا الأساس تدخل رواية ابن بشر في إطار سنة 912هـ/ 1506م، وهي سنة يصعب قبولها؛ لأن السلطنة قد نقلت لمحمد بن أجود.

وقبل الشروع في الحكم على رواية العصامي الذي ذكر حجّ السلطان أجود سنة 911هـ/ 1505م، لابد أن نذكر وجهات نظر لبعض الباحثين حول هذا الأمر، فهناك من الباحثين[2] من ذكر وفاته في سنة 902هـ/ 1496م، وهناك من رجَّح وفاته بعد سنة 901هـ/ 1495م[3]، لكن هذا الرأي لم يُصِب كبد الحقيقة ويُعوِزه الدليل الواضح، كما اعتمدوا أيضًا على ما ذكره ابن بسام[4] من قيامه

---

(1) تحفة المشتاق، ص 66، 71.

(2) السعدون، مختصر التاريخ السياسي للخليج، ص77.

(3) الحميدان، «مكانة السلطان أجود بن زامل الجبري في شبه الجزيرة العربية»، ص 73.

(4) تحفة المشتاق، ص55.

بالحملات التأديبية في سنة 900هـ/ 1494م، لهذا فإن هناك بعض المآخذ تؤخذ على هذا الرأي نرصدها في الآتي:

أ- رواية ابن بسام غير موثوق بها، فكيف لنا الأخذ برواية قيام السلطان أجود بالحملة التأديبية في سنة 900هـ/ 1494م، ولا نثق بروايته الثانية التي تفيد قيام السلطان أجود بحملة تأديبية سنة 929هـ/ 1522م.

ب- سكوت المصادر عند ذكر السلطان أجود بعد سنة 900 هـ/ 1494م ليس سببًا مقنعًا في أنه قد فارق الحياة، فالمصادر قد بخلت علينا بذكر الكثير من الأحداث عن هذا السلطان ولم تذكر إلّا ما تيسر.

ج- وجهات النظر هذه لم تستند إلى سند تاريخي، وإنما اعتمدت على التخمين.

ومهما يكن من أمر فإن المؤرخ العصامي هو الوحيد من بين المصادر التاريخية التي تم الرجوع إليها تذكر أن السلطان أجود بن زامل حجّ في سنة 911هـ/ 1507م.

فعند دراسة هذه الرواية نجد أن العصامي قد أخطأ في اسم أجود بن زامل، فقد ورد عنه أجود بن زايد، ومن المحتمل أن هذا تصحيف أو تحريف، ولا يمكننا تجاهل هذه الرواية لوجود هذا التصحيف والتحريف، الذي ربما يكون من قبل الناسخ وليس من العصامي نفسه.

بقيت ملاحظة مهمة، وهو ما ذكره ابن فهد[1] أنه في سنة 910هـ/ 1504م،

---

(1) عز الدين عبد العزيز بن النجم عمر بن محمد بن محمد الهاشمي المكي الشافعي (ت:992هـ/ 1516م)، بلوغ القرى في ذيل إتحاف الورى بأخبار أم القرى، دراسة وتحقيق: عبد الرحمن بن حسن بن عبد الرحمن أبو الخيور، رسالة ماجستير مقدمة إلى قسم الدراسات العليا التاريخية والحضارية، كلية الشريعة والدراسات الإسلامية - جامعة أم القرى، 1433هـ/ 2001م، مج1، 144 - 145.

حجّ الشيخ محمد بن أجود المقدَّم عن أبيه في مملكته، وعلى الرغم من أن ابن فهد قد أخطأ عندما ظن أنه محمد بن علي وليس محمد بن أجود، ولكنه وضَّح ما التبس عليه من الاسم في موضع آخر من الكتاب[1]، لذا لا نجعل من هذا الخطأ شماعة نعلق عليها عدم قبول الرواية.

ومن رواية ابن فهد يتَّضح الآتي:

أ- ذكر ابن فهد في روايته أن محمدًا المقدَّم من مملكة أبيه، وهذا معناه أنه لم يكن ملكًا في حينها، وهو أمر معروف فقد كان محمد مقدم المملكة وهو مازال على قيد الحياة، حيث قسَّم أجزاء من مملكته إلى ثلاثة أقاليم وجعل على كل إقليم ولدًا من أولاده، وجعلهم تحت إمرة محمد[2].

ب- تفيد الرواية أن السلطان أجود كان على قيد الحياة سنة 910هـ/ 1504م.

ج- تؤكد هذه الرواية رواية العصامي.

د- كان ابن فهد أقرب المؤرخين في المدة الزمنية للسلطان أجود حيث كانت سنة وفاته 992هـ/ 1584م، مما يكسب روايته الثقة الكبيرة.

ملاحظة مهمة: إن المشكلة ليست في الرواية وإن كانت الرواية رواية يتيمة حول أيّ حدث تاريخي، وإنما المشكلة بالنظر إلى هذه الرواية، فقد يُنظر إليها بشيء من الغرابة لتفرُّدها بذكر حدث ما، فتصبح موضع احتقار بدلًا من النظر إليها بأهميه، فقد تكون حقيقية، فنكون قد أجحفنا في حقها، وأهملنا حدثًا تاريخيًا أشارت إليه، وبذلك نكون قد وقعنا في فخ اللامبالاة.

ومما هو جدير بالذكر في هذا الصدد- الرواية اليتيمة- ما ذكره

(1) بلوغ القرى، ص290.

(2) سيتم مناقشة هذا في ما سيأتي من هذا الفصل تحت عنوان ولاية العهد.

فون. أ. فوركة حول مسألة انفراد مصدر تاريخي بحدث ما دون غيره من المصادر، ومع أن الموضوع بعيد عن دراستنا إلا أنه يفي بالغرض ويخدم النص، لذا سأضع بين يدي القارئ الكريم قول فون أ. فوركة[1] إذ قال: «إن الاستنتاج القائم على إلغاء شخصية تاريخية معينة بسبب عدم ذكرها في مؤلفات كاتب يفترض أنه كان على علم بها، لهو أمر مزعج وقد أدّى إلى ويلات كثيرة، إني أقول كما فعلت مرات عديدة في الماضي، بأنه سيكون من الأمور اللانقدية نفي وجود حائط الصين العظيم لأن ماركو بولو لم يُشِر إليه، رغم أنه من المؤكد أنه رآه»، وهكذا أجاد فوركة التعبير، فهل من الممكن نفي عدم وجود سور الصين لعدم ذكره في الرحلات غير رحلة واحدة.

د - تحديد سنة وفاته:

ومهما يكن من أمر؛ لا بد من توضيح حقيقة مهمة وهي إذا سلمنا برواية المؤرخ العصامي حول وفاة السلطان أجود في سنة 911هـ/ 1505م تبرز أمامنا مشكلة وهي: كم يكون عمر السلطان أجود في هذه السنة، خاصة إذا ما عرفنا أن ولادته في سنة 821هـ/ 1418م حسب رواية السخاوي؟.

إن عمره سيكون قد تجاوز تسعين سنة، وربما يكون غير قادر - كما أحسب - في هذا العمر على تأدية فريضة الحجّ، وعلى هذا الأساس لابد من الحكم على سنة ولادته التي ذكرها السخاوي وتناقلها بعده كلُّ مَنْ ترجم للسلطان أجود؛ أي ما مدى صحة رواية السخاوي التي تفيد أن السلطان أجود كانت ولادته في سنة 821هـ/ 1418م؟.

وبناءً على ما ذكر فإننا نشكك في أن تكون سنة 821هـ/ 1418م هي سنة

---

(1) زياد منى، بلقيس امرأة الألغاز وشيطانة الجنس، رياض الريّس للكتاب والنشر، الطبعة: الثانية، 1998م، ص286. (ملحق بحث رحلة الملك الصيني مو وانج إلى بلاد الملكة سبأ لفون. أ. فوركة).

ولادة السلطان أجود للالتباس الذي وقع به السخاوي في كثير من الأمور التي دوَّنها في ترجمة السلطان أجود.

ومهما يكن من أمر فنحن نرى أن ولادة السلطان أجود كانت متأخرة عن سنة 821هـ/ 1418م.

أما وفاته فنرجِّح رواية العصامي في أنه كان موجودًا سنة 911هـ/ 1505م، وهي سنة وفاته، وتولَّى في السنة نفسها ابنه محمد، وجاء تحديد هذه السنة بناء على الآتي:

أ- تؤكد رواية المؤرخ ابن فهد أن السلطان أجود كان موجودًا سنة 910هـ/ 1504م.

ب- ونفهم من رواية ابن فهد أيضاً أن السلطان أجود وصل إلى مرحلة من العمر بحيث لا يستطيع تأدية فريضة الحجّ، لذا أرسل ابنه محمدًا مقدمًا للسلطنة ينوب عنه.

ج- تفيد رواية المؤرخ ابن فرج أنه في سنة 912هـ/ 1506م كان سلطان السلطنة الجبرية هو السلطان محمد بن أجود.

وعلى هذا الأساس فإن وفاة السلطان أجود كان بين سنة 910هـ/ 1504م وسنة 912هـ/ 1506م؛ أي سنة911هـ/ 1505م، وهذا يؤكد - على ما يبدو - صحة رواية العصامي.

المبحث الثاني

نظم حكمه

1. النظام السياسي:

في ضوء المعلومات المتاحة لنا نذكر من الأنظمة السياسية المتبعة في السلطنة الجبرية في عهد السلطان أجود الآتي:

أ- السلطان وألقابه:

إن مسألة معرفة الألقاب التي كان يتلقَّب بها السلطان أجود تُلزم الرجوع إلى المصادر التاريخية المختلفة العائدة إلى تلك الحقبة، التي في ضوئها يمكن تحديد تلك الألقاب.

وتأتي المراسلات في مقدمة المصادر التي يمكن من خلالها معرفة ألقاب السلطان أجود، حيث إن المراسلات تمثِّل أحد أهم المظاهر الشرعية والسيادية للحكم والدولة؛ لأنها تصدر عن مقرّ الحكم، وهو أمر يكسبها الصفة الرسمية في التعامل.

لذلك تُعَدّ المراسلات من الأدلة والشواهد التي يمكن من خلالها معرفة الألقاب؛ إذ توجد العديد من المراسلات التي تمت بين السلطان أجود والعديد من الملوك والسلاطين المسلمين وغيرهم.

فمن الشواهد التاريخية التي تدلّ على ذلك رسالة الوزير محمود القانوني - وزير السلطنة البهمنية في الهند - التي بعثها إلى السلطان أجود بن زامل، حيث حملت هذه الوثيقة عددًا من الألقاب والنعوت ومما جاء فيها:

«الملك الأعظم الأكرم الأفخم الأقدم، مالك البر واليم، ملك ملوك العرب سلطان أجود»، وكذلك يذكر في فقرة أخرى من الرسالة: «الجناب الأميري... الملكي الكبيري...»[1].

وعلى هذا الأساس فإن صيغ الألقاب والنعوت التي استخدمها الوزير في مخاطبة السلطان أجود هي من الأصول الثابتة والمتعارف عليها في دواوين[2] الإنشاء (المراسلات) عند مخاطبة أمثاله من السلاطين، وهي تتناسب مع مركزه كحاكم له نفوذ كبير في الجزيرة العربية والخليج، لذا فهي تحتوي على نعوت حقيقية، وإلّا لتحولت إلى نوع من السخرية المبطنة[3]، كما أن الرسالة كانت صادرة عن جهة رسمية، لذا فقد كانت تحمل الألقاب والنعوت الحقيقية والمتعارف عليها عند الجميع التي يحملها الشخص المرسلة إليه.

وفضلًا عن ذلك تُعدّ الكتابات التاريخية هي الأخرى دليلًا مهمًا لا يمكن تجاهله أو إغفاله، فمن خلال فحص الكتابات التاريخية التي تم الرجوع إليها وتُرجمت للسلطان أجود وجدناها تكاد تجمع على أن السلطان أجود كان يتلقَّب بعدد من الألقاب.

---

(1) الحميدان، «مكانة السلطان أجود بن زامل في شبه الجزيرة العربية»، ص 64(نقلًا عن مخطوطة كنز المعاني من الإنشاء للمؤرخ عبد الكريم بن محمد النيمدهي).

(2) الدواوين: مفردها ديوان، وهو المكان الذي يجلس فيه الكُتّاب والموظفون في الدولة لإعداد ما يتعلق بحقوق السلطنة من المراسلات والأعمال والأموال ومن يقوم بها من الجيوش والعُمّال فمنها ديوان الإنشاء، الجيش، الخراج... يُنظَر: الماوردي، أبو الحسن علي بن محمد (ت:450هـ/ 1058م)، الأحكام السلطانية، صحّحه وعلق عليه. محمد حامد الفقي، مطبعة مصطفى الحلبي - القاهرة، الطبعة: الثانية، 1386هـ/ 1966م، ص236 - 237؛ الباشا، حسن، الألقاب الإسلامية في التاريخ والوثائق والآثار، دار النهضة العربية - القاهرة، 1978م، ص291؛ القاسمي، خالد بن محمد، دراسات في تاريخ اليمن والخليج، دار الثقافة - الشارقة/ دار الحداثة - بيروت، الطبعة: الأولى، 1993م، ص71.

(3) الحميدان، «مكانة السلطان أجود بن زامل الجبري في شبه الجزيرة العربية:»، ص 64.

فمن تلك الكتابات التاريخية ما ذكره المؤرخ السمهودي في كتابه وفاء الوفاء بأخبار دار المصطفى[1] - المعاصر للسلطان أجود وصديقه المقرب - فقد ذكر بأن السلطان أجود هو ريِّس[2] أهل نجد ورأسها وسلطان البحرين والقطيف، كما أطلق عليه السخاوي[3] مثل هذه الألقاب أيضًا حينما وصفه بريِّس نجد، وكذلك كان يطلق عليه لقب الأمير[4].

ب- مهام السلطان:

هناك العديد من المهام التي كان يمارسها السلطان أجود، سنحاول إبراز أهمها على النحو الآتي:

- على الصعيد الإداري: تعيين كبار موظفي السلطنة، وعزلهم لا سيما الوظائف الكبرى.
- على الصعيد المالي: الإشراف العام على موارد الدولة (الخزانة العامة) وأوجه صرفها، مع أن المصادر لم تذكر شيئًا عن ذلك.
- على الصعيد القضائي: الإشراف العام على القضاء، وتعيين القضاة[5]، كما أننا نفهم من اهتمام السلطان بالقضاء أنه - كما أحسب- لم يكن

---

(1) ج3 ص1093.

(2) رَيِّسٌ: يقال له رئيس وهو رَأَسَ القومَ وَرئِيسُهُمْ. قال الشاعر:

تَلْقى الأَمانَ على حِياضِ محمد ... ثَوْلاءُ مُخْرِفَةٌ وذِئْبٌ أَطْلَسُ

لا ذي تَخافُ و لا لهذا جُرْأَةٌ ... تُهْدى الرَعِيَّةُ ما استقام الرَيِّسُ

الجوهري، أبو نصر إسماعيل بن حماد (ت:398هـ/ 1007م)، الصحاح في اللغة، دار إحياء التراث العربي - بيروت، 1419هـ/ 1999م، ج1، ص232. ابن منظور، أبو الفضل جمال الدين ابن منظور محمد بن مكرم بن على الأنصاري الرويفعى الإفريقي (ت:711هـ/ 1311م)، لسان العرب، دار صادر - بيروت، الطبعة: الأولى، 1414ه، ج6، ص103.

(3) الضوء اللامع ج1 ص190.

(4) ابن الجزيري، الدرر الفرائد، ج1، ص476.

(5) عن ذلك يُنظَر الفصل الثاني تحت عنوان السياسة القضائية.

يتدخَّل في مسائل القضايا الشرعية والجنائية والمدنية التي كان يمارس القضاة النظر فيها، لكن كان له الحق في فرض الأحكام والعقوبات في المسائل السياسية منها المعارضة للحكم أو المساس بممتلكات السلطنة ومصالحها العامة[1].

- على الصعيد العسكري: يُعدُّ السلطان أجود أكبر شخصية عسكرية في البلاد، حيث كان يقوم بالإشراف على كل أمور الجيش، ويقود الجيوش بنفسه أو يوكل مهمة قيادة الجيوش إلى من أراد، على أن تكون مهمته- قائد الجيش- محدودة بانتهاء الحملة، وكان له الحق في تعيين كبار القادة العسكريين، وكذلك وضع الاستراتيجية العسكرية[2].
- على صعيد السياسة الخارجية: حظيت السياسة الخارجية باهتمام كبير من قبل السلطان أجود، فقد حرص على الإشراف على كل أمورها، وقد أفردنا مبحثًا في الفصل الثاني خُصِّص لدراسة السياسة الخارجية.
- على الصعيد التعليمي: اقتصرت مهمة السلطان في الجانب التعليمي على الإشراف العام على أمور التعليم، وذلك من خلال تعيين المدرسين في المدارس التابعة لسلطنته؛ كما عُرف عنه أنه كان كثير البحث عن المدرسين في مكة[3].

ج- ولاية العهد:

قبل وفاة مؤسس السلطنة الجبرية زامل كان لابد أن يفكِّر في من سيخلفه

---

(1) عن ذلك يُنظَر الفصل الثالث تحت عنوان التوسّع في نجد وكيف كان يمارس سياسة الترحيل الإجباري لبعض القبائل التي كانت تُخِلّ بسيادة السلطنة.

(2) عن ذلك يُنظَر الفصل الثاني تحت عنوان استراتيجية السياسة الداخلية للسلطان أجود، وكذلك تكوين الجيش والاستقرار الأمني.

(3) عن ذلك يُنظَر: الفصل الثاني تحت عنوان السياسة التعليمية.

في قيادة السلطة، ولكن على ما يبدو أن السلطنة كانت في عهده في طور التأسيس فقد حُسم الأمر في أن تسند قيادة السلطنة إلى ابنه الأكبر سيف، وقد جاء اختيار زامل لابنه سيف ليس من فراغ، وإنما نتيجة معرفته بقدراته التي تؤهله لقيادة السلطنة.

فقد كان سيف الأشهر من بين الجميع، لما أظهره من مواهب قيادية خلال مشاركته الفعالة في مرحلة التأسيس للسلطنة في عهد والده[1]، لذا وقع الاختيار عليه.

لكن الأمر اختلف في عهد سيف فبعد وفاته خلفه أخوه أجود، ومن هنا يبرز السؤال الآتي: لمَ لمْ يخلُف سيفًا ابنُه في الحكم، وما الأسباب التي رشَّحت إسناد مقاليد السلطنة لأجود؟؟؟؟

من المحتمل أن إسناد ولاية العهد إلى الابن الأكبر ليس عُرفًا يسير عليه نظام الحكم في السلطنة الجبرية، لذا كانت تُسند إلى من يتمتع بصفات تؤهِّله للقيام بأعباء الحكم، وامتلاكه لمؤهلات سياسية وعسكرية، ولما كان أجود يتمتع بهذه المزايا تمّ إسناد مهمة قيادة السلطنة الجبرية إليه.

فقد شارك والده زاملًا في بناء السلطنة، كما شارك أخاه سيفًا من بعد أيضًا، وخلال هذين العهدين أظهر مواهب أكسبته الاحترام والهيبة بعد توليه السلطة حيث نجح في دفع حدود السلطنة ومناطق نفوذها إلى بقاع واسعة.

أما السلطان أجود فجعل ولاية العهد لابنه الأكبر محمد، فقد ذكر ابن فهد[2]، أن محمد بن أجود بن زامل وصل إلى مكة سنة 910 هـ/ 1504م على رأس قافلة حجّاج الجبُّور وكان محمد المتقدم عن أبيه في مملكته.

---

(1) يُنظَر: التمهيد.

(2) بلوغ القرى، ص290.

ويضاف إلى ذلك أن محمدًا هو المشرف العام على إدارة الأقاليم التي كان يحكمها إخوانه، ويبدو أن هذا كان نوعًا من التأهيل والتدريب لمحمد من قبل أبيه هذا من جهة، وجعل مقاليد الحكم بيده حتى تسهل السيطرة على الحكم متى ما انتقلت إليه من جهة أخرى.

ملاحظة مهمة وجب الإشارة إليها وهي ولاية العهد، فقد كان يتمّ تنصيب ولي للعهد في حياة السلطان الحاكم، ويبدو أن هذا الإجراء كان سليمًا حتى لا تحدث صراعات على عرش السلطنة بعد وفاة السلطان.

2. النظم الإدارية:

في عهد السلطان أجود شهدت أنظمة الحكم بصفة عامة، والنظم الإدارية بصفة خاصة تطورًا وتغيرًا، ويبدو أن المُلْك الواسع الذي تحقّق له قاده للتفكير في المحافظة عليه، فاستقرار أداة الحكم وتنظيمها أهم ما يجب أن يلتفت إليها خصوصًا بعد أن طال به العمر.

أ- أهم الأقاليم:

فمن خلال دراسة الأحداث التي دارت في عهد السلطان أجود يُلاحظ أن السلطان عمل على تقسيم السلطنة إلى ثلاثة أقاليم، وأسند قيادة الأقاليم إلى أولاده الثلاثة وهم: سيف، ومحمد، وعلي، وجاء التقسيم كالآتي:

- قطر:

وهو من الأقاليم المهمة ويتألف من شبه جزيرة قطر(دولة قطر حاليًا)، والشريط الساحلي الذي يبدأ من العقير إلى سلوى، ويتمتع هذا الإقليم بوحدة إدارية مستقلة، يقوم بإدارتها زامل بن أجود بن زامل.

ومن المحتمل أن هذا الإقليم تم تقسيمه إلى أقسام إدارية أصغر، وأن

يكون عليها حكام وشيوخ سواءً كان في مدنها أو جزرها من بيت بني جبر أو ممن ينتسب لهم بصلة ما.

ومن الوحدات الإدارية لهذا الإقليم:

- شبه الجزيرة القطرية.
- العقير.
- سلوى.

وبناءً على ذلك فإن هذا الإقليم يتمتع باستقلالية تامة وهو أمر أكدته المصادر، ويسقط أيّ رأي أواستنتاج أو ميل يُشير إلى أنه كان يشكل جزءًا من إقليم الأحساء.

- البحرين:

يُعدّ هذا الإقليم من الأقاليم المهمة للسلطنة الجبرية، وهو ما يعرف بجزيرة أوال، ويُدار من قبل محمد بن أجود بن زامل.

- عمان:

عمان بلد واسع، وكان التقسيم الإداري لعُمان في تلك المدة ينقسم إلى عُمان الساحل وعُمان الداخل، وكان ذا أهمية كبيرة للسلطنة الجبرية، إذ يُعدّ من المناطق ذات المردود الاقتصادي الوفير، إذ كان يوجد بعمان عدد من الموانئ المهمة، هذ بالإضافة إلى الإنتاج الزراعي والحيواني، ونتيجة لهذه الاهمية جعله السلطان أجود إقليمًا واحدًا قائمًا بذاته، وأسند إدارته إلى ابنه سيف.

أما الوحدات الإدارية الصغرى في عمان فهي كثيرة بحكم اتساع هذا الإقليم، وسوف نعرضها عند دراسة توسّع السلطنة الجبرية في عمان.

ولنا أن نتسأل لماذا تم تقسيم قطر والبحرين وعمان إلى أقاليم دون بقية مناطق حكم السلطنة الجبرية؟.

من المحتمل أن قطر والبحرين وعمان تمثل مناطق تحضُّر ولديها قوانين إدارية وخاصة القوانين الجمركية في الموانئ، وهي بعكس المناطق الأخرى مثل نجد -على سبيل المثال- التي كانت ما تزال في مرحلة البداوة، ولعل ما يؤكد ذلك أن نجد كانت طيلة حكم السلطان أجود تعاني من عدم الاستقرار بسبب طبيعة البداوة فيها.

ب- أسباب التقسيم الإداري:

بعد أن أسند قيادة الأقاليم إلى أولاده الثلاثة أسند ولاية العهد إلى ابنه محمد، ولعل ما يؤكد ذلك ما ذكره ابن فهد[1]، الذي ذكر أن محمد بن أجود بن زامل وصل إلى مكة سنة 910 هـ/ 1504م على رأس قافلة حجّاج الجبُّور، وكان محمد المتقدم عن أبيه في مملكته.

ومما ذكر يتضح الآتي:

1- قيام السلطان أجود بن زامل بتقسيم السلطنة إلى ثلاثة أقاليم.

2- أسند قيادة الأقاليم إلى أولاده.

3- بعد تقسيم سلطة الأقاليم بين أولاده الثلاثة ضمن قيادة مشتركة، جعل ابنه محمدًا (ولي عهد السلطنة) على رأس هذه القيادة.

إذن ما الأسباب التي دعت السلطان أجود إلى القيام بهذا التقسيم؟.

من المؤكد أن مسألة التنظيم الإداري ووراثة السلطة قد احتلت حيِّزًا من تفكير السلطان أجود، خاصة إذا ما عرفنا أنه كان شخصية سياسية وعسكرية،

---

(1) بلوغ القرى، ص290.

ولديه بُعد نظر في الأمور، لهذا فإننا نعتقد أن قيامه بهذه الإجراءات يتلخص في الآتي:

- **الإجراءات التنظيمية:**

- هدف السلطان أجود من ذلك هو إدارة البلاد بطريقة منظمة من خلال تقسيم المهام، وإيجاد عمل مؤسَّسي منظم.
- الارتقاء بالجوانب الإدارية.
- الابتعاد عن المركزية.
- تأسيس نظام إداري هرمي تسلسلي.
- تدريب وتأهيل أولاده للقيادة.

- **الإجراءات الاحترازية:**

- الخشية من وقوع الخلاف على السلطة بين أولاده.
- الخوف من ذوي الطموحات والنفوذ من الأمراء خاصة بعد اتساع ملك السلطنة الجبرية.
- تركيز السلطة بيد أولاده بحيث يصبحون في حالة من القوة لقطع الطريق أمام الطامعين في الملك.

الفصل الثاني

السياسة الداخلية والعلاقات الخارجية

المبحث الأول

السياسة الداخلية

المقصود بالسياسة الداخلية هي تلك الاستراتيجية التي انطلقت منها الأهداف العامة لإدارة شؤون السلطنة في المجالات المختلفة، وسوف نسلط الضوء على أهم المجالات التي مسَّتها تلك السياسة:

1. استراتيجية السياسة الداخلية:

لقد تمتَّع السلطان أجود بمميزات تؤهله لبناء سلطنة قوية، وذلك لما يمتلكه من مقدرات سياسية وعسكرية واقتصادية، حيث تمتع بنظرة ثاقبة للأمور المختلفة في سلطنته، لذا كانت تحركاته وأعماله وأهدافه تنبثق من رؤية واضحة للأمور وتنطلق من نظرة سياسية ايجابية، ومن تلك السياسات السياسة الداخلية لسلطنته.

إن النظرة السياسية الثاقبة للسلطان أجود اقتضت الاهتمام ببناء جيش قوي يعمل على حماية السلطنة، ويوفر الأمن ويحقق تطلعاته التوسّعية، فالدارس لعصر السلطان أجود وتاريخه العسكري يستطيع أن يلحظ انهماكه في بناء وتنفيذ العديد من العمليات الحربية واسعة النطاق التي يمكن فهمها على أنها خلاصة لتوجهه العسكري، ومحور ارتكاز لاستراتيجيته العسكرية، كما عمل على تنفيذ هذه الاستراتيجية فكانت الأساس في فرض الأمن وتحقيق الازدهار.

يضاف إلى ذلك اهتمامه بالتعليم ونشره في سلطنته سعيًا لخلق التحضُّر وتبديد الجهل، كما كان للقضاء دور مهم في توجّهه، حيث عمل على فرض

القضاء بسلطنته، والاستعانة بقضاة مشهورين، وكان يهدف من هذا إلى تدعيم الاستقرار، ونشر العدل بين رعاياه، ومحاربة الجريمة.

كما انطلقت السياسة الداخلية للسلطان أجود نحو المجال الاقتصادي، ونظرت إليه على أنه أساس بناء السلطنة، لذا فلا عجب أن تُبنى السياسة التوسّعية وتنطلق من المجال الاقتصادي.

2. تكوين جيش:

إن عملية تكوين سلطة سياسية ودولة تعتمد إلى حدٍّ كبير على التطور الحاصل في الأداة الوحيدة للقوة وهي المؤسسة العسكرية، ولم تظهر سلطة سياسية بدون وجود قوة عسكرية إلى جانبها؛ لأن المؤسسة العسكرية أداة للدفاع والضبط والاستمرار.

لذا فإن ما وصلت إليه السلطنة الجبرية من توسّع يعود إلى مجموعة من العوامل لعلَّ من أهمها -كما أحسب- امتلاكها لمؤسسة عسكرية، كانت أساسًا في قيامها، فاستطاعت أن تحقق كل آمالها وطموحاتها في التوسّع، واكتسبت هيبة سياسية كبرى، وقوة عسكرية يُعتدّ بها.

لقد تكوَّنت القوة العسكرية قبل قيام السلطنة الجبرية، حيث أخذت تتبلور وتظهر كقوة منظَّمة قبل أن يتولى زامل الجبري الحكم حتى صار يُستعان به من قِبَل بعض القوى، وكفى على ذلك شاهدًا استعانة الجروانيين به[1].

بعد هذا أخذت هذه القوة العسكرية بالنمو المستمر في عهدي زامل وابنه سيف، ثمَّ بلغت القوة الجبرية أوجها وسطوتها بقيادة السلطان أجود الذي ذاع صيته واشتهر بين السلاطين، بل إن مواهبه العسكرية والأمنية والسياسية برزت أثناء سلطة والده، ثمَّ أخيه سيف؛ مما جعله يكسب احترام الناس وينال

---

(1) عن ذلك يُنظَر: التمهيد.

إعجابهم، وهذا ما أهَّله للسلطنة الجبرية وبدون منازع، وقد وصلت السلطنة في مدة حكمه إلى أوج قوتها وازدهارها، وكانت المؤسسة العسكرية أحد العوامل الرئيسة التي مكَّنته من توسيع سلطنته وازدهارها.

وقد وُصف جيش السلطان أجود بأن جنده كثير العدد وجنوده وأتباعه بالآلاف المؤلفة، ويتصفون بالشجاعة وحسن الرأي[1]، كما يصف آخر أن السلطان أجود ذو أتباع يزيدون على الوصف ويتمتعون بالفروسية[2].

يتضح ممّا سبق أن السلطان أجود امتلك جيشًا كثير العدد، هذا بالإضافة إلى أن جيشه تميّز بعدد من المهارات العسكرية، يأتي في مقدمتها الفروسية، والخبرة الحربية، بالإضافة إلى الشجاعة وإبداء الرأي والمشورة في المعارك.

والواقع يُثبت ما كانت تمتلكه السلطنة الجبرية في عهد السلطان أجود من قوة كبيرة، فإذا قمنا بتحليل الوقائع الحربية التي حدثت في عهده وربطناها مع بعضها لعرفنا حجم تلك القوة، ففي حين كان السلطان أجود في حروب مع مملكة هرمز كان يسيّر جيوشًا تأديبية ضد القبائل المتمردة في نجد، فقد ذكر ابن بسام[3] أن السلطان أجود بن زامل قام بحملة تأديبية ضد القبائل التي تسبب الاضطرابات، وكان ذلك سنة887هـ/ 1482م، وهذا التاريخ يتوافق مع فترة هجوم مملكة هرمز على البحرين[4].

وكذلك ذكر ابن بسام[5] حملة تأديبية أخرى للسلطان أجود قام بها إلى نجد سنة 893هـ/ 1487م؛ وهي السنة نفسها التي كانت فيها قواته بقيادة ابنه

---

(1) ابن شاهين، المَجْمع المُفَنّن بالمُعْجَم المُعَنْوَن، ص217.

(2) السخاوي، الضوء اللامع، ج1، ص190.

(3) تحفة المشتاق، ص52.

(4) عن ذلك يُنظَر الفصل الرابع التوسّع في القطيف والبحرين.

(5) تحفة المشتاق، ص52.

سيف في عمان تساند الإباضيين ضد سليمان بن سليمان النبهاني[1]، كما أن هذه السنة هي نفسها التي حجّ فيها السلطان أجود ومعه من الأتباع خمسة عشر ألفًا[2]، مع أنه إذا قارنّا هذا الجيش في هذه السنة الذي توجّه فيها للحجّ مع سنوات أخرى سنجده قليلًا؛ فعلى سبيل المثال في أحد مواسم الحجّ وصلت القوة المرافقة له إلى ثلاثين ألفًا من الأتباع[3].

ويبدو أن قلة عدد أفراد القوة التي اتجهت إلى الحجّ في هذه السنة سببها توزع الجيش في عمان وكذلك جزء منها اتجّه إلى واحات نجد للقضاء على المتمردين.

ومهما يكن من أمر؛ فإن هذا الروايات إن دلت على شيء فإنما تدلّ على حجّم القوة الكبيرة لجيش السلطنة الجبرية، فإذا أخذنا سنة 893هـ/ 1487م فإننا نلاحظ الآتي :

أ- جيشـًا كبيرًا منشغلًا في حروب عمان.

ب- جيشـًا آخر اتجه إلى القبائل المتمردة لإخضاعها.

ج- جيشـًا ثالثـًا رافق السلطان أجود إلى الحجّ وحماية القوافل التجارية.

وبناءً على ما ذكر نستطيع القول إن جيش السلطنة الجبرية في عهد السلطان أجود قد بلغ أعدادًا كبيرة جدًا، ولعل ما يوضّح ذلك أن الجيش الذي اتّجه إلى مكة المكرمة في بداية حكم محمد ابن السلطان أجود، وتحديدًا سنة 912هـ/ 1506م كان جيشـًا كثيفـًا قُدّرَ عدده بنحو خمسين ألف رجل[4].

---

(1) عن ذلك يُنظَر الفصل الثالث تحت عنوان التوسّع في عمان.

(2) ابن الجزيري، الدرر الفرائد، ج1، ص476.

(3) العصامي، سمط النجوم العوالي، ج4، ص317.

(4) ابن فرج، السلاح والعدة، ص41.

وبناءً على ما تقدّم يمكن القول إن شيخ بني جبر زامل بن الحسين استفاد بما تمتَّع به من نفوذ، فعمل على مدّ جسور الارتباط مع عدد من القبائل، فكوّن بذلك تحالفات مع هذه القبائل، ومن هذه التحالفات تشكلت النواة الأولى للجيش في عهده.

ثم أخذت هذه التحالفات بالتوسّع حتى وصلت في عهد السلطان أجود إلى جيش جرَّار، ولعل ما يؤكّد ذلك ما ذكره ابن بسَّام[1] الذي وصف جيش السلطان أجود بأنه جيش كبير جدًا يتألف من جند الحضر والبادية.

ومن خلال دراسة الأحداث العسكرية نلحظ أن السلطان أجود أعاد النظر في سياسة من سبقه، فعمل على تشجيع العنصر القبلي(البادية) وكذلك عنصر الحضر للانضمام إلى جيشه بهدف خلق حالة من التوازن.

ومهما يكن من أمر؛ فقد كان جيش السلطنة الجبرية في عهد السلطان أجود بن زامل يضم في صفوفه أعدادًا كثيرة من مختلف جند الكيانات والقوى القبلية في الساحل الشرقي للبحرين والأحساء، هذا بالإضافة إلى قبائل منطقة الجو[2] والجوف[3]

---

(1) تحفة المشتاق، ص52.

(2) الجو: تقع في محافظة البريمي في الجزء الشمالي الغربي من عُمان، وكانت تعرف قديما باسم (توام) و (الجو)، وهي عبارة عن سهل شبه صحراوي ينحدر من السفوح الجنوبية لجبال الحجّر الغربي، وتدل الآثار المكتشفة على وجود طرق برية ترجع إلى عهود موغلة في القدم، كما يدل الفخار وبقايا النحاس والآثار الأخرى التي عثر عليها في البريمي على وجود حضارة قديمة. وزارة السياحة سلطنة عمان، اطلع عليه بتاريخ، 10 يناير 2018 نسخة محفوظة 10 يناير 2018م على موقع واي باك مشين.

(3) الجَوْف: وهو جَوف الحميلة، موضع يقع بأرض عمان. ياقوت الحموي، شهاب الدين أبو عبدالله ياقوت بن عبد الله الرومي الحموي (ت: 626هـ/ 1228م)، معجم البلدان، دار صادر - بيروت، الطبعة: الثانية، 1995م، ج2، ص187. ويقع على الطريق بين مكّة إلى عمان. البكري، أبو عبيد عبد الله بن عبد العزيز بن محمد الأندلسي (ت: 487هـ/ 1094م)، معجم ما استعجم من أسماء البلاد والمواضع، عالم الكتب - بيروت، الطبعة: الثالثة، 1403 هـ، ج2، ص 469.

وكذلك قبيلة بني ريام العمانية، وقبائل ومهرة[1]، مما يعني أن هؤلاء الأقوام جميعًا كانوا يومئذ من رعايا سلطنة الجبري أو حلفاء لها[2].

وهكذا من خلال هذه العجالة نجد أن الجبريين استعانوا بمختلف القبائل العربية التي ظلت موالية لهم حتى عند وصول البرتغاليين للمنطقة، فقد انضمَّ لجيوشهم من القبائل فروع بكاملها فشاركت جيوش الجبريين بمختلف صراعاتهم، وفي ذلك دلالة على تزايد نفوذ القوة العسكرية للسلطنة الجبرية، فتكوّنت لهم بذلك قوة كبيرة دانت بالولاء، وتمكَّنوا بها من إخضاع البلاد وتثبيت حكمهم وتوسيع رقعة دولتهم، وقد تميَّز الجيش الجبُّوري بالمهارة الحربية البرية، فقد تمرَّس على هذا النوع من الحروب[3].

3. الاستقرار الأمني:

حينما اعتلى السلطان أجود بن زامل السلطة اهتم بمسألة الأمن، إذ جعلها من أولويات مهامه، وذلك لإيمانه أن الأمن أساس الاستقرار، وكذلك الرخاء الاقتصادي، لهذا عمل على تحقيق الأمن في المدن والطرق التي تسلكها

---

(1) مَهرَة: وهم بنو مهرة بن حيدان بن عمر بن الحافي بن قُضاعة. القرطبي، أبو عمر يوسف بن عبد الله بن محمد بن عبد البر بن عاصم النمري (ت: 463هـ/ 1071م)، الإنباه على قبائل الرواة، تحقيق: إبراهيم الأبياري، دار الكتاب العربي - بيروت، الطبعة: الأولى، 1405هـ/ 1985م، ص135؛ القلقشندي، أبو العباس أحمد بن علي (ت: 821هـ/ 1418م)، قلائد الجمان في التعريف بقبائل عرب الزمان، تحقيق: إبراهيم الإبياري، دار الكتاب المصري/ دار الكتاب اللبناني، الطبعة: الثانية، 1402هـ/ 1982 م، ص52؛ السيوطي، الحافظ جلال الدين عبد الرحمن بن أبي بكر (911هـ/ 1505م)، بغية الوعاة في طبقات اللغويين والنحاة، تحقيق: محمد أبو الفضل إبراهيم، المكتبة العصرية، ج2، ص153.

(2) المطروشي، علي محمد علي راشد، عناقيد ثقافية، النادي الوطني للفنون والثقافة - عجمان، 2008م، ص89-90.

(3) حسنين، محمد ربيع وليلى عبد الجواد إسماعيل، تاريخ مملكة هرمز منذ قيامها حتى سقوطها سنة 1622م، 1998م، ص41.

قوافل الحجّ والتجارة ما بين ساحل الخليج العربي والحجاز[1].

فقد عُرف عن السلطان أجود بأنه من المهتمين بفريضة الحجّ، وكان يسعى لفرض الأمن بين الحجّاج، ويُؤدب القبائل المعتدية عليهم، ففي سنة 876هـ/ 1471م حجّ مع أتباع كثيرين جدًا[2]، ويذكر ابن الجزيري أيضًا[3] أن السلطان أجود حجّ في سنة 893هـ/ 1487م وكان معه من التابعين خمسة عشر ألفًا، وكذلك العصامي[4] ذكر أنه أدّى فريضة الحجّ أحد الأعوام، في جمع يزيد على الثلاثين ألفًا.

وهكذا نلحظ سعي السلطان أجود للمحافظة على سلامة طرق القوافل التي تربط ما بين بلاد البحرين ونجد من جهة، ونجد وظفار من جهة أُخرى.

وعلاوة على ذلك فقد أولى السلطان أجود اهتمامًا كبيرًا للأوضاع الأمنية في نجد، ويأتي التفاته إليها واهتمامه بها نتيجة إدراكه بأهميتها العسكرية والاقتصادية، فمن الناحية العسكرية فهي تشكل ظهيرًا لسلطنته يمكن الاتكاء عليه، أما من الناحية الاقتصادية فإن نجدًا هي الممر التجاري للقوافل التجارية ما بين شرق الجزيرة وغربها.

ومن هذا المنطلق فقد حرص السلطان أجود على تأمين إقليم نجد، إذ كان يقوم بقيادة قوافل الحجّاج بنفسه، لحرصه على تأمين وسلامة الطرق التي تؤدي إلى مكة، كما حرص على أن يرافق القوافل التجارية في الطرقات عدد غير قليل من الجنود لتأمينها وحراستها.

---

(1) العصامي، سمط النجوم العوالي، ج4، ص317.

(2) ابن فهد، النجم عمر بن فهد محمد بن محمد بن محمد بن فهد (ت: 885هـ/ 1480م)، إتحاف الورى بأخبار أم القرى، تحقيق وتقديم: عبد الكريم علي باز، جامعة أم القرى - مكة المكرمة، الطبعة: الأولى، 1408هـ/ 1988م، ج1، ص 542.

(3) الدرر الفرائد، ج1، ص476.

(4) سمط النجوم العوالي، ج2، ص443.

وعلى ضوء ما سبق يتَّضح أن القوة التي كانت ترافق السلطان أجود في مواسم الحجّ هدفها تأمين الطرق والقوافل التجارية، لكن السؤال الذي يبرز أمامنا هو هل يحتاج تأمين الطرق والقوافل التجارية إلى هذه القوة الكبيرة التي تتجاوز في بعض المواسم ثلاثين ألف مقاتل؟.

إن الشيء اللافت للنظر في هذه القوة هو مبالغة السلطان أجود في حجمها؛ لأن تلك القوة الهائلة التي كانت تسير للحجّ تُعدّ قوة كبيرة على المهمة التي تقوم بها، فمن المؤكد أنه لم يكن هدفها حماية الطرق والقوافل التجارية فقط، وإنما هدف السلطان من ذلك إظهار هيبته وقوته، كما أنه يريد بذلك توجيه رسالة للقوى الخارجية يعبّر فيها عن مدى قوته وتفوقه، وكذلك زرع الخوف في نفوس معارضيه من القبائل المختلفة.

4. السياسة التعليمية:

سعى السلطان أجود إلى نشر التعليم في سلطنته بإغراء عدد من العلماء البارزين للعمل في بلاده وكان يستغلّ فرصة قيامه بالحجّ فيلتقي هناك بالبعض منهم ويجلبهم معه.

ومن العلماء الذين اشتغلوا بالتدريس خليفة بن عبد الرحمن بن خليفة بن سلامة المتناني، ثمَّ البجائي المالكي أحد الفضلاء الصلحاء، والذي له باع في العلم، وقد حمل عن السخاوي الألفية بحثًا سماعًا وقراءة، وسمع أيضًا من السخاوي الكثير وكُتبت له إجازة، وسافر مع بني جبر ليقيم عندهم مدرّسًا وقاضيًا[1].

ومن أشهر المدرسين كذلك الشيخ القاضي أحمد بن يحيى بن عَطْوَة الدِّرْعي، فقد اشتهر بالتدريس، وكان لمنهجه أثره البالغ في مُعاصريه وتلاميذه

---

(1) السخاوي، الضوء اللامع، ج2، ص97.

وطلاّبه من بعده، وظلَّت مدرسته التي تعرف بمدرسة ابن عطْوة الفقهية [1] بعد وفاته تؤدِّي دورها العلمي.

ولما كان الجبريون يتبعون المذهب المالكي فقد سعى السلطان أجود إلى نشره في بلاد البحرين، ولكن ذلك لم يحقق نجاحًا ملموسًا إذ كان المذهب الشيعي هو السائد كما يبدو، ولكن هناك من رأى أن السلطان أجود جعل للمذهب المالكي في البحرين الغلبة على مذهب الشيعة[2].

كما كان السلطان أجود من المهتمين بالعلوم الشرعية، وخصوصًا المذهب المالكي، حيث عمل على تعزيزه في المنطقة، كما حرص على إقامة الشعائر الدينية من إقامة صلاة الجُمَع وتشجيع حجّ البيت الحرام[3].

ومثَّلت المدارس الشرعية بالأحساء الحركة العلمية التاريخية ذات الأثر الكبير في تاريخ المنطقة من حيث النهضة العلميّة، وذلك بالتزامها عبر التاريخ بتدريس الفقه وتدوين وتحقيق وحفظ الفقه الشرعي ومذاهب اللأئمة: مذهب الإمام أبي حنيفة النعمان، والإمام مالك بن أنس، والإمام الشافعي، والإمام

---

(1) آل فريَّان، الوليد بن عبد الرحمن بن محمد، تحقيق مخطوط أحمد بن يحيى بن عَطْوَة الدِّرْعي (ت: 948 هـ/ 1541م) المسماة: طُرَف الطَّرْف في مسألة الصوت والحرف، بحث منشور ضمن مجلة البحوث الإسلامية - الرياض، الرئاسة العامة لإدارات البحوث العلمية والإفتاء والدعوة والإرشاد، مج90، ص86.

(2) مجموعة من المؤلفين، موجز دائرة المعارف الإسلامية، تحرير: م. ت. هوتسما، ت. و. أرنولد، ر. باسيت، ر. هارتمان، الأجزاء (أ) إلى (ع): إعداد وتحرير/ إبراهيم زكي خورشيد، أحمد الشنتناوي، عبد الحميد يونس، الأجزاء من (ع) إلى (ي): ترجمة : نخبة من أساتذة الجامعات المصرية والعربية، المراجعة والإشراف العلمي: حسن حبشي وعبد الرحمن عبد الله الشيخ ومحمد عناني، مركز الشارقة للإبداع الفكري - الشاقة، الطبعة: الأولى، 1418هـ/ 1998م، ج6، ص 1603، ج6، ص1603.

(3) Eastern Arabia, 1300-1800", International Journal of Middle East Studies, Vol. 19, No. 2. (May, 1987), pp. 177-203, through JSTOR.

أحمد بن حنبل. وكان لهذه المدارس دور تاريخي رئيس في الوقائع والأحداث التي مرت بها المنطقة؛ فقد كان علماؤها وطلبتها ركيزة لوحدة الإقليم الفكرية، وقد تعزَّزت للحركة العلمية في الأحساء من خلال جهود السلطان أجود إذ كان هو ذاته طالب علم في الفقه المالكي، وأنشأ وأوقف العديد من المدارس، وكان حكمه مستندًا إلى الشريعة الإسلامية[1].

وعلى الرغم من المعلومات الشحيحة عن هذا الجانب إلا أننا نستطيع القول إن السياسة التعليمية عند السلطان أجود قد أثمرت بالارتقاء بالعلم والحياة الفكرية، وجعلت من الأحساء مركزًا علميًا مزدهرًا كان قبلة للمدرسين والدارسين، كما حظي المذهب المالكي والدراسات المتعلقة بفقهه برعاية خاصة من السلطان أجود، مما ساعد على انتشاره، في الأحساء وما حولها بشكل واسع.

5. السياسة القضائية:

يُعدّ النظام القضائي أهم أنظمة الدول والشعوب لما له من أهمية في تنظيم شؤون الناس واستقرار المجتمعات. ولهذا فلا عجب أن نرى السلطان أجود يولي اهتمامًا كبيرًا بالقضاء، ويختار الأكْفَاء من الفقهاء لتيسيره.

ويأتي اهتمام السلطان أجود بالقضاء إيمانًا منه وانطلاقًا من سياسته الرامية إلى تحقيق العدالة في بلاده، ووضع الجميع في ميزان المساواة أمام القضاء، ورفع الظلم عن رعاياه، وردع كل من تسوِّل له نفسه ظلم الناس أو العبث بممتلكاتهم.

ولكي يحقق هذا الهدف فقد حرص على اختيار القضاة، فلم يكن تعيين القاضي في عهد السلطان أجود يتمّ لمجرد وجود صلة قرابة؛ أو لأنه أحد كبار

(1) أرشيف المجلس العلمي، من موقع الألوكة، www.majles.alukah.net، ج2، ص14643.

وجهاء القوم وأشرافهم، بل يتمّ اختياره من أهل الصلاح والورع والأمانة، ومن ذوي السعة في العلوم، والمستوفي لشروط الولاية القضائية، وصاحب الخلق الحسن المتصف بالصدق والنزاهة، بقطع النظر عن مركزه الاجتماعي ومذهبه الديني، فقد عُيّن في قضاء بلاده بعض أهل السنة من الفقهاء، بعد أن كانوا شيعة[1].

كما تميز بالبحث عن قضاة من ذوي العلم والمعرفة، ولعل ما يؤكد ذلك استقدامه للقاضي عبد الله بن فارس البرنوسي[2] الذي صادفه في أحد مواسم الحجّ فتوجه مع السلطان أجود بن زامل فاستقر به قاضيًا في نواحي سلطنته وأقام عندهم نحو خمس عشرة سنة[3].

ومن القضاة المشهورين الذين تولوا القضاء القاضي بن القاضي علي بن زيد الذي يعد من أشهر القضاة، وكان قاضي منطقة الأحساء في عهد السلطان أجود[4].

ومن أشهر القضاة أيضًا في عهد السلطان أجود القاضي أحمد بن يحيى بن عَطْوَة الدِّرْعي الذي كانت له اليد الطُّولى في الفقه والتحقيقات النفيسة والتدقيقات

---

(1) ابن شاهين، المَجْمع المُفَنّن بالمُعْجَم المُعَنْوَن، ص338،

(2) هو عبد الله بن فارس بن أحمد الجمال الطاغي البرنوسي نسبة لقبيلة يقال لها البرانسة التازي - من أعمال فاس - ممن قدم إلى مصر واشتغل وأخذ عن البدر بن الغرز وغيره بل أكثر عن النور بن التنسي في الفقه وغيره ووصفه البقاعي بالفاضل المفنن وأنه قرأ عليه في المناسبات، وتحول لمكة فأقام بها يسيرًا وتوجه مع أجود بن زامل فاستقر به قاضيًا وأقام عندهم نحو خمس عشرة سنة فلما كان في موسم سنة 893هـ/ 1487م قدم معه وتخلف عنه فأدركته منيته بمكة بعد انفصال الحجّ بيسير وترك ولدًا، وكان فاضلًا خيرًا بل قيل إنه شرح المختصر، وأبوه فارس ممن كان يذكر بخير وصلاح كبير بل جوّد القراءات ومات بمصر. السخاوي، الضوء اللامع، ج5، ص40.

(3) السخاوي، الضوء اللامع، ج5، ص40 ؛ ابن بشر، عنوان المجد، ج2، ص 303.

(4) ابن بشر، عنوان المجد، ج2، ص303.

اللطيفة، وقد اعتنى إلى جانب المذهب الحنبلي بالمذهب المالكي وأكثر من النقل عنه، وربما كان لعناية أجود بن زامل بهذا المذهب أثر في ذلك[1].

وكذلك القاضي عبد القادر بن راشد بن بَريد، وكان من قضاة أجود ابن زامل [2]، والقاضي منصور بن يحيى بن مُصبح الباهلي، وكذلك الشيخ سلطان بن إدريس بن ريس بن مغامس الوهيبي[3].

ومع أن المصادر التي تم الرجوع إليها لم تُعطِنا معلومات عن دور القضاء في عهد السلطان أجود لكن من المحتمل أن من الاختصاصات التي كان يمارسها القاضي النظر في القضايا الاجتماعية ذات الصلة بالشريعة منها: الزواج والطلاق والميراث وجرائم الزنا، كما كان ينظر في الوصايا والتوكيلات وغيرها من القضايا ذات الصلة بالشريعة، والنظر في الاختلافات والخصومات المدنية، كالمشاكل الناجمة بين البائعين والمشترين والدلالين في الأسواق، وفضلًا عن ذلك كان يقوم ببعض الاختصاصات الأخرى البعيدة عن مجال القضاء، كالإشراف على أموال الأيتام والأوقاف.

ومن المفاخر التي كان يزهو بها القضاء في عهد السلطان أجود أنه كان حريصًا كل الحرص على تنفيذ أوامر الشرع، فقد عرف عنه أنه كان كثير العدل والإحسان[4].

---

(1) ابن بسام، عبد الله بن عبد الرحمن بن صالح، علماء نجد خلال ثمانية قرون، دار العاصمة - الرياض، الطبعة : الثانية، 1419هـ، ج1، ص 549؛ آل فريَّان، طُرَف الطَّرْف في مسألة الصوت والحرف... 90، ص84.

(2) ابن بسّام، علماء نجد، ج1، ص 549؛ آل فريَّان، طُرَف الطَّرْف في مسألة الصوت والحرف، مج 90، ص83.

(3) ابن بسّام، علماء نجد، ج1، ص 549.

(4) ابن شاهين، المَجْمع المُفَنّن بالمُعْجَم المُعَنْوَن، ص338،

6. السياسة الاقتصادية:

مما لاشك فيه أن السلطان أجود شخصية سياسية طموحة سعى إلى توسيع سلطنته، وحرص على أن يكون له من الثقل السياسي في المنطقة ما ليس لغيره، كما أن الهدف الاقتصادي أيضًا لم يكن غائبًا عن ذهنه، بدليل التحرك على وجه السرعة للسيطرة على أكبر قدر ممكن من مناطق الثقل الاقتصادي في الساحل الشرقي لشبه الجزيرة العربية.

ونتيجة للاستقرار الأمني التي تمتعت به السلطنة الجبرية في عهد السلطان أجود انتعشت الحياة الاقتصادية وظهر عدد من المراكز الاقتصادية، وتصدّرت قطر والبحرين وعمان قائمة حواضر السلطنة الجبرية للنشاط الاقتصادي:

أ- قطر:

تُعدّ قطر من أشهر المراكز الاقتصادية للساحل الشرقي لشبه الجزيرة العربية خاصة، ومنطقة شبه الجزيرة العربية عامّة، فقد كانت من أهم مراكز الثقل الاقتصادي لهذه المنطقة.

اشتهرت قطر في مجالات الاقتصاد المختلفة منذ القدم، حيث كانت مركزًا صناعيًا تميز بجودة مصنوعاته، فذاع صيت مصنوعاته في مشارق المعمورة ومغاربها، وكفى على ذلك شاهدًا ما ذكره الحازمي[1] المتوفى سنة 584هـ/ 1188م، من أن قطر اشتهرت بالصناعة منذ وقت مبكر، وهذا ما نجده في قول الشاعر:

كَسَاكَ الْحَنْظَلِيُّ كِسَاءَ صُوْفٍ ... وَقِطْرِيًّا فَأَنْتَ بِهِ تَفِيْدُ

(1) الحازمي، زين الدين أبو بكر محمد بن موسى بن عثمان الهمداني(ت: 584هـ)، الأماكن أو ما اتفق لفظه وافترق مسماه من الأمكنة، تحقيق: حمد بن محمد الجاسر، دار اليمامة للبحث والترجمة والنشر، 1415 هـ، ص 682.

أي أن الملبوسات قد نسجت في قطر وفي ذلك يقول الأزهري: «...مدينة يُقَالُ لها قطر، وأحسبهم نسبوا هذه الثياب إليها فخففوا وقالوا قِطري، والأصل قَطري»[1]، وهذا إن دل على شيء فإنما يدل على جودة صناعات المنسوجات في قطر.

وقد اشتُهرت المنسوجات القطرية في الإسلام أيضـًا، فمن المفاخر التي تزهو بها أن رسولنا - صلى الله عليه وسلم - لبس المنسوجات القطرية وهذا ما ذُكر من حديث أنس رضي الله عنه فقد روي عنه قوله: «خَرَجَ - صلى الله عليه وسلم - مُتَوَكِّئًا عَلَى أُسَامَةَ، وَعَلَيْهِ بُرْدٌ قِطْرِيٌّ»[2].

كما عُرف عن الخليفة الثاني لرسول الله - صلى الله عليه وسلم - عمر بن الخطاب - رضي الله عنه - لبسه المنسوجات القطرية، ففي حديث عاصم عن زر قال: «خَرَجْتُ مَعَ أَهْلِ الْمَدِينَةِ فِي يَوْمِ عِيدٍ، فَرَأَيْتُ عُمَرَ بْنَ الْخَطَّابِ رَضِيَ اللَّهُ عَنْهُ، يَمْشِي حَافِيًا... مُشْرِفًا عَلَى النَّاسِ كَأَنَّهُ عَلَى دَابَّةٍ بِبُرْدٍ قَطَرِيٍّ»[3]، وذكر ذلك الطبري[4] بقوله: «حدثني علي بن سهل قال حدثنا: ضمرة بن ربيعة عن عبدالله بن أبي سليمان عن أبيه قال قدمت المدينة فدخلت دارًا من دورها فإذا عمر بن الخطاب - رضي الله عنه - عليه إزار قطري يدهن إبل الصدقة بالقطران».

---

(1) الحازمي، الأماكن أو ما اتفق لفظه وافترق مسماه، ص 683.

(2) ابن حنبل، أحمد بن حنبل أبو عبدالله الشيباني (ت: 241هـ/ 855م)، مسند الإمام أحمد بن حنبل مؤسسة قرطبة - القاهرة، ج3، ص262؛ البغوي، الحسين بن مسعود (ت: 516هـ/ 1122م)، شرح السنة، تحقيق : شعيب الأرناؤوط و محمد زهير الشاويش، المكتب الإسلامي - دمشق/ بيروت، الطبعة: الثانية، 1403هـ/ 1983م، ج12، ص22.

(3) الحاكم، أبو عبدالله الحاكم (ت: 405 هـ/ 1014م)، المستدرك على الصحيحين، الطبعة: الأولى، 1427 ه، ج3، ص81.

(4) أبو جعفر محمد بن جرير (ت: 310 هـ/ 923م)، تاريخ الأمم والملوك المعروف بـ: تاريخ الطبري، دار الكتب العلمية - بيروت، الطبعة: الأولى، 1407هـ، ج2، 2579.

ومما هو جدير بالإشارة إليه بهذا الصدد أن المنسوجات القطرية كانت منتشرة فقد رُوي عن أبي قلابة عن رجل من بني عامر قال: «رأيت أبا ذر - رضي الله عنه - في مسجد قباء فصلى وعليه رداء قطري»[(1)]، كما اشتهرت قطر بموانئها الشهيرة التي كانت تتوافد إليها السفن من كل الأقطار ومن تلك الموانئ ميناء السبخة الذي وصفه المقدسي[(2)] بأنه مرسى يقع ببحر قطر، هذا بالإضافة إلى مرسى العقير[(3)] الشهير[(4)]، فقد وصف ابن خرداذبة[(5)] أن قطر تبدأ بالعقير وتنتهي بالسبخة.

وفضلًا عن ذلك اشتهرت قطر باللؤلؤ فقد ذكر بأن جزيرة ملكان جزيرة عظيمة عريضة فيها العود، والذهب، والجوهر، وفي بحرها اللؤلؤ[(6)]، أما

---

(1) أبو داود، سليمان بن الأشعث السجستاني (ت:275 هـ/ 888م)، سنن أبي داود، دار الكتاب العربي - بيروت، ص66.

(2) محمد بن محمد بن عبد الله بن إدريس الحسني الطالبي (ت: 560هـ/ 1164م)، نزهة المشتاق في اختراق الآفاق، عالم الكتب - بيروت، الطبعة: الثانية، 1409 هـ، ج1، ص162.

(3) العُقَيْرُ: هو ساحل وقرية دون القطيف من العطف، وكانت من الموانئ القديمة التي تطل على ساحل الخليج، وتقع جنوب القطيف، وتأتي إليها السفن من الصين وعمان والبصرة واليمن وغيرها من البلدان. الحربي، إبراهيم بن إسحاق (ت 285هـ/ 898م)، المناسك وأماكن طرق الحجّ، تحقيق: حمد الجاسر، دار اليمامة للبحث والترجمة والنشر - الرياض، الطبعة: الثانية، 1401هـ/ 1981م، ص620؛ الهمداني، أبو محمد الحسن بن أحمد بن يعقوب بن يوسف (ت: 360هـ/ 970م)، صفة جزيرة العرب، مطبعة بريل - ليدن، 1884م، ص 135. وهو تصغير عقر: قرية على الشاطىء بحذاء هجر. ونخل باليمامة لبني ذهل بن الدّؤل، وهو أيضا نخل لبني عامر بن حنيفة باليمامة. البغدادي، مراصد الاطلاع، ج3، ص951؛ ياقوت الحموي، معجم البلدان، ج4، ص138؛ الغنيم، عبدالله بن يوسف، جزيرة العرب من كتاب الممالك والمسالك للبكري، ذات السلاسل - الكويت، الطبعة: الأولى، 1397هـ/ 1977م، ص136.

(4) ياقوت الحموي، معجم البلدان، ج4، ص138.

(5) أبو القاسم عبيد الله بن عبدالله (ت في حدود: 280 هـ/ 892م)، المسالك والممالك، دار صادر - بيروت، 1889م، ص60.

(6) السيرافي، أبو زيد حسن بن يزيد (ت: بعد 330هـ/ 935م)، رحلة السيرافي، المجمع الثقافي - أبو ظبي، 1999م، ص 19.

البكري[1] فيشير إلى أن قطر من أفضل البلدان في مغاص اللؤلؤ.

كما اشتهرت قطر بالثروة الحيوانية منذ القدم، فقد ذكر المؤرخون[2] أنه إلى قطر تنسب الإبل الجياد، قال جرير:

لَـدَى قَطَرِيَّـاتٍ إذَا مَـا تَغَوَّلَـتْ بِهَا   الْبِيْـدُ غَاوَلْـنَ الْحُـزُوْمَ الْقَيَاقِيَـا

وذكرت المصادر[3] أيضًا اشتهار قطر بالنعام فقال أحد الشعراء عن النعام القطرية:

الأَوْبُ أَوْبُ نَـعـائِـمٍ قَـطَـرِيَـةٍ   والأَلُ آلُ نـخـائـصٍ حُـقُّـبِ

نسب النعام إلى قطر لاتصالها بالبر ومُحاذاتها رمال يبرين[4].

كما اشتهرت قطر أيضًا في عالم التجارة منذ زمن قديم فيذكر ياقوت الحموي[5] أن في قطر أسواقًا قديمة، وهذ يدل على أهميتها التجارية، لذا فقد وصفها ابن ماجد[6] أنها في زمن السلطان أجود من أهم البنادر على الساحل الشرقي للجزيرة العربية.

---

(1) المسالك والممالك، ج1، ص201.

(2) البكري، معجم ما استعجم من أسماء البلاد والمواضع، ج3، ص1082؛ الحازمي، الأماكن، ص783؛ ياقوت الحموي، معجم البلدان، ج4، ص373.

(3) البكري، معجم ما استعجم من أسماء البلاد والمواضع، ج3، ص1082؛ الحازمي، الأماكن، ص783؛ ياقوت الحموي، معجم البلدان، ج4، ص373.

(4) يَبْرِينَ: في شرقي اليمامة وهي على محجّة عمان إلى مكة وكأنها أدخل في محاذاة اليمامة إلى الجنوب شيئًا. الهمداني، الصفة، ص165. وقيل: بأعلى بلاد سعد، هو رمل لا تدرك أطرافه عن يمين مطلع الشمس من حجّر اليمامة، وقيل: من أصقاع البحرين. البغدادي، مراصد الاطلاع على أسماء الأمكنة والبقاع، ج3، ص1472.

(5) معجم البلدان، ج4، ص373.

(6) الفوائد، ق67أ.

ب- البحرين:

نتيجة لما تتمتع بها البحرين من موقع بحري استراتيجي، فقد وصف ابن ماجد[1] -المعاصر للسلطان أجود- النشاط التجاري لموانئ البحرين بقوله: «... يأوي عليها قريب ألف مركب»؛ أي إن موانئ البحرين كانت تستقبل في اليوم الواحد بحدود ألف مركب تجاري، وهذا إن دل على شيء فإنما يدل على ازدهار النشاط التجاري.

ولم تكن الموانئ البحرينية وحدها هي التي ازدهـرت في الحركة الاقتصادية، بل كانت السواحل كذلك ذات نشاط اقتصادي ومجال للاستثَمار، فقد استقرت في قاعه أشهر مغاصات اللؤلؤ الطبيعي[2].

وكذلك اهتمت السلطنة الجبرية في عهد السلطان أجود بالزراعة كونها موردًا اقتصاديًا مهمًا، فقد تميّزت مناطق نفوذ السلطنة الجبرية على مناطق زراعية تنتج أنواعًا وأصنافًا متعددة، وكذلك وفرة المياه ببعض مناطقها.

فقد وصف الحميري [3]المعاصر للسلطان أجود الأحساء والبحرين والقطيف بقوله: «وهي بلاد سهلة كثيرة الأنهار والعيون عذبة الماء... والحناء والقطن على شطوط أنهارها بمنزلة السوسن، وهي كثيرة النخل والفواكه، ولها تمر... ولها مدن كثيرة»، كما يوجد فيها من الثَمَّرات التي يضرب بها المثل من أوصافها[4].

---

(1) الفوائد، 69ب.

(2) ابن ماجد، الفوائد، ق69ب

(3) ، أبو عبد الله محمد بن عبد الله بن عبد المنعم (ت: 900هـ/ 1494م)، الروض المعطار في خبر الأقطار، تحقيق: إحسان عباس، مؤسسة ناصر للثقافة (طبع على مطابع دار السراج) - بيروت، الطبعة: الثانية، 1980 م، ص82.

(4) ابن ماجد، الفوائد، ق69ب

كما شهدت البحرين في عهد السلطان أجود نهضة عمرانية فقد وصف ابن ماجد[1] بلاد البحرين بأنها كانت من أكثر البلدان في البنيان، وأكثر المعاملة فيها[2]، وفي موضع آخر يقول[3]: «وفيها ثلاث مائة وستون قرية»، وهذا يدل على التوسّع العمراني الذي حدث في البحرين في عهد السلطان أجود.

ج- عمان:

لا نستطيع القول إن توجُّه السلطان أجود بادئ الأمر إلى عمان كان هدفه سياسيًا بحتًا، فمن غير المعقول أن يُنظَر للتوسّع في عمان كهدف سياسي رغم أنه أثناء توجهه إلى عمان كانت هناك اضطرابات في إقليم نجد من بعض القبائل، ورغم ذلك اتجه إلى عمان لأهميتها الاقتصادية، لذا فقد كانت موانئ عمان محط نظر واهتمام السلطان أجود، لهذا كان يرتقب الفرصة للسيطرة عليها وتحقّق له ذلك.

وأشارت المصادر البرتغالية إلى أن ظفار كانت أحد الأقاليم الخاضعة للجبريين، و اتخذوا منها منفذًا رئيسيًا لتصدير الخيول إلى الهند، وتلك التجارة التي احتكروها في شرق الجزيرة العربية، ودرَّت عليهم أرباحًا وفيرة وحرَّكت أطماع البرتغاليين من أجل السيطرة عليها وانتزاع فوائدها من بني جبر[4].

وقد اقتضت السياسة الاقتصادية للسلطان أجود التوجه لموانئ عمان للحصول على منفذ لتصدير بضاعتهم من الخيول والحصول أيضًا على بضائع الهند خصوصًا بعد أن رأوا أن كثيرًا من السفن بدأت تتحاشى الدخول إلى

---

(1) الفوائد، ق69أ.

(2) الفوائد، ق69أ.

(3) الفوائد، ق69 ب

(4) الحميدان، «التاريخ السياسي لإمارة الجبُّور نجد وشرق الجزيرة في العربية»، ص 37.

الخليج العربي، وتتوجه إلى موانئ البحر الأحمر، وكانت ظفار[1] كثيرًا ما ترسو بها هذه السفن في طريق الذهاب والإياب[2].

كما شكَّلت الثروة الحيوانية مصدرًا اقتصاديًا مهمًا للسلطنة الجبرية، حيث قاموا باحتكار تجارة الخيل والإبل والبقر والأغنام[3]، فكانت السلطنة الجبرية تحتكر هذه البضائع ثم تُصدّرها إلى الهند وغيرها من البلدان.

إن تلك التجارة التي احتكروها في شرق الجزيرة العربية ودرَّت عليهم أرباحًا وفيرة حرَّكت أطماع البرتغاليين من أجل السيطرة عليها وانتزاع فوائدها من بني جبر، فقد كانت كل من عمان والبحرين بيئة مناسبة لتربية هذه الخيول والعناية بها وتجميعها، ثمّ تصديرها الى الأسواق الخارجية وخاصة في الهند حيث يكثر الطلب عليها.

---

(1) سيأتي التعريف بها في الفصل الرابع.

(2) الحميدان، «التاريخ السياسي لإمارة الجبُّور في نجد وشرق الجزيرة في العربية»، 38.

(3) ابن ماجد، الفوائد، ق69ب

المبحث الثاني

العلاقات الخارجية

1. مع أشراف مكة:

مما لاشك فيه أن السلطان أجود حرص كل الحرص على توطيد العلاقة مع أشراف مكة، وعلى الرغم أن المصادر التي تم الرجوع إليها بخلت بالمعلومات عن هذه العلاقة، فإن النص الذي أورده ابن شاهين[1] يؤكد على عمق هذه العلاقة، فقد ذكر أن السلطان أجود كان على صداقة حميمة مع صاحب مكة الذي لم يُسمِّه.

إن عمق الصداقة هذه نابع من احترام السلطان أجود لهذا البلد- مكة المكرمة- وحرمته، وكذلك للمقدسات الدينية فيه، كما كان السلطان أجود كثير التردد على مكة في مواسم الحجّ وحماية القوافل التجارية والطرقات في بلاد نجد المؤدية إلى مكة، وكان يمكث في مكة كثيرًا ليتقرَّب من العلماء ومجالستهم، والبحث عن الفقهاء والمدرسين والقضاة، وكان يُقريهم ويُحبِّب لهم القدوم معه إلى بلاده، بهدف الاستفادة منهم.

وعلاوة على ذلك نجد عمق هذه الصداقة ومتانتها قد توطَّدت كثيرًا في نهاية عهد السلطان أجود وبداية حكم ابنه محمد، فقد تزوج أمير مكة الشريف

(1) ابن شاهين، المَجْمع المُفَنّن بالمُعْجَم المُعَنْوَن، ص338.

بركات بن محمد [1] بنت محمد بن أجود[2]، كما كان لمحمد بن أجود دور في مساندة الشريف في صراعه مع المخالفين وهو أمر ذكره ابن فرج[3] في معرض حديثه عن سنة912هـ/ 1506م، التي وصل فيها سلطان البحرين والأحساء والقطيف محمد بن أجود ومعه خمسون ألفًا من الجند حتى أنهم ملؤوا السهل والوعر، وذلك لاستنجاد بركات بن محمد به لقتال أهل الزَّيغ والعناد، حيث شهدت تلك المدة نزاعًا بين بركات وإخوانه على السلطة.

---

(1) هو بركات بن محمد بن بركات بن حسن بن عجلان بن رميثة بن أبي نمي محمد بن أبي حسن بن علي بن أبي عزيز قتادة الحسني الهاشمي، ولد في مكة المكرمة سنة 861هـ/ 1456م، وأمه الشريفة عمرة بنت محمد آل أبي نمي، وكان بركات أفضل بني أبيه وأقربهم إلى خلافته، ويُعدّ من أشهر أعلام الجزيرة العربية في القرن العاشر الهجري/ الخامس عشر ميلادي، وقد تميز بأن اجتمعت فيه عدة صفات قلّ أن تجدها في غيره من الأعلام من شجاعة وفروسية وحكمة إضافة لكونه شاعرًا مميزًا.

وولي إمارة مكة بعد وفاة أبيه سنة 903 هـ/ 1497م وكان فاضلًا شجاعًا حسن التدبير، واستمر في الترقي حتى صار مرجعًا في حل الأمور والمشكلات ودفع العدو، وقد حدث له في إمارته وقائع عصيبة، حيث وقع الخلاف بينه وبين أخيه الشريف هزاع، ثم أخيه الشريف محمد الملقب بالجيزاني، ثم الشريف حميضة بن محمد، ومن المواقف العصيبة في ولايته أنه قضى بعضها محبوسًا في مصر الى أن فرّ وقضى على منافسيه في سنة 910هـ/ 1504م.

وقد اشتهر بحفظ العهود، وإكرام الشعراء والوفود، مع العفة والصيانة، وملازمة الخير والديانة، وإظهار الخيرات، ومواصلة المبرات، له وقائع كثيرة، توفى سنة 931هـ/ 1424م. يُنظَر ترجمته في : السخاوي، ج1، ص484؛ العيدروس، عبد القادر بن شيخ بن عبد الله (ت: 1037 هـ/ 1629م): النور السافر عن أخبار القرن العاشر، دار الكتب العلمية - بيروت، الطبعة الأولى، 1405هـ، ص141؛ العصامي، سمط النجوم العوالي، ج4، ص 293-313؛ السنجاري، علي بن تاج الدين بن تقي الدين(ت:1135هـ/)، منائح الكرم في أخبار مكة والبيت وولاة الحرم، دراسة وتحقيق: ماجدة فيصل زكريا، جامعة أم القرى - مكة المكرمة، الطبعة: الأولى، 1419هـ/ 1998م، ج3، ص100-104؛ السباعي، أحمد، تاريخ مكة: دراسة في السياسة والعلم والاجتماع والعمران، 1419هـ/ 1999م، ج1، ص354 وما بعدها.

(2) الحميدان، «التاريخ السياسي لإمارة الجبُّور في نجد وشرق الجزيرة في العربية»، ص 78.

(3) السلاح والعدة، ص41.

وعلى الرغم أن ما ذكره ابن فرج كان في عهد ابن السلطان أجود، ولكنها تفي بالغرض وتخدم النص، خاصة إذا ما عرفنا أنها في مدة قريبة من وفاة السلطان أجود، وهذا إن دل على شيء فإنما يدل على عمق متانة العلاقة التي سنها السلطان أجود وسار عليها ابنه محمد.

ومما يزيد من أهمية هذه العلاقة هو استدعاء شريف مكة بركات ابن محمد لبني جبر دون غيرهم طالبًا منهم العون والنصرة، والذين سرعان ما بادروا وجاؤوا بجيش جرَّار.

2. مع عمان:

تميَّزت العلاقة بين السلطنة الجبرية والقوى المحلية في عمان بالتباين والتغير وفق ما تقتضيه المصلحة التي تهدف إليها السياسة العامة للسلطان أجود، ففي حين كانت الحيادية هي السمة البارزة لرؤية ونظرة السلطنة الجبرية تجاه عمان في بداية حكم السلطان أجود، حيث فضل عدم التدخل في الشقاق القائم في البيت النبهاني رغم استنجاد سليمان بن سليمان النبهاني به [1]، ورغم طموح السلطان أجود، لكنه لم يفكر في استثمار الصراع القائم حينها، كي يقوم بتوسيع نفوذه في عمان في تلك المرحلة المبكرة من حكمه.

لقد بدأ السلطان أجود بتكوين علاقات ودية مع القوى العمانية القريبة من مناطق سلطنته، حيث نجح بتطبيع العلاقات مع تلك القوى وتقريبها إليه، ومن ثَمَّ استثمرها في توسّعه في مناطق عمان الداخلية فيما بعد.

وغنيّ عن القول إن السلطان أجود استفاد إلى حدٍّ كبير من الخلاف بين النبهاني والإباضيين، واستغلّ ضعف النبهاني في تلك المدة وعمل على توطيد علاقته بالإباضيين، فقدم لهم المساعدة؛ حيث قام بإرسال الجيوش

---

(1) عن ذلك يُنظَر: الفصل الثالث.

لمساندتهم ودعمهم ضد النبهاني، وإن كان هدفه من ذلك هو تحقيق طموحاته وتوسّعاته في عمان، وهكذا تميزت العلاقة بالتباين وارتبطت بشكل كبير بالمصالح.

3. مع الهند:

لقد ذاع صيت السلطان أجود بن زامل خارج الجزيرة ليصل إلى الهند بمملكة الدكن البهمنية فسعت إلى الارتباط معه بصداقة وتعاون، فبعث وزير مملكة الدكن البهمنية محمود القانوني برسالة الى السلطان أجود يطلب فيها مدّ جسور العلاقة والصداقة والتعاون بين الدولتين، ومما جاء في نص الرسالة: من قول المخدوم الشهيد الأكبر إلى الشيخ أجود المعروف بابن جبر بعد حمد الله والصلاة على نبيه، فشرايف التسليمات الطيبات، ونفاس التحيات الزاكيات، على الملك الأعظم الأكرم الأمير الأفخم الأقدم، مالك البر واليمْ، حامي العرب والعجم، مبارز معارك الشجعان، كرار المصاف، بالسيف والسنان، أعدل ملوك الأطراف والأقطار، أشجع ولاة الأزمان والإعصار، مفتخر حجّاج بيت الله الحرام، قدوة زوار النبي - عليه السلام -... وما تزين بملاقاة الملكي الكبيري، لكن فص فؤاده مركوز في خاتم محبته وغواص جناته، سباح في بحر مودته، يطمع من كرمه أن يسلك درر المهام في سلك الأعلام، ليُنَصِّب على عاتقه لواء الإتمام ويفتح أبواب الموالاة بمفاتيح المكاتبات، ليوجب ذلك ازدياد صفاء النيات، وينهي بين يدي الأميري أن أنفاره الجائين إلى هذه الديار ما كان معهم الكتاب والأخبار، لوقعة الواقعة عليهم في البحر العميق، وهو غلبة السارقة عليهم أثناء الطريق،... »[1].

ومن المؤكد أن السلطان أجود بن زامل هو الآخر سوف يكون حريصًا

---

(1) الحميدان، «مكانة السلطان أجود بن زامل الجبري في شبه الجزيرة العربية»، ص71-72.

على التجاوب مع هذه الصداقة ومدّ جسور التواصل والصداقة بين السلطتين، لذلك فقد قامت علاقات وثيقة بين الطرفين[1].

4. مع مملكة هرمز[2]:

كانت العلاقة بين السلطنة الجبرية في عهد السلطان أجود وملوك مملكة هرمز علاقة متوترة، بل أن هذه العلاقة وصلت إلى درجة خوض حروب بين الطرفين.

لذا فقد أثّرت هذه العلاقة المتوترة بين الطرفين في مجمل الأوضاع السياسية والاقتصادية بمنطقة الخليج العربي، وأدى هذا التدهور في العلاقات

---

(1) الحميدان، «مكانة السلطان أجود بن زامل الجبري في شبه الجزيرة العربية»، ص70.

(2) قامت مملكة هرمز بحدود القرن الرابع الهجري/ القرن العاشر ميلادي على السواحل الشرقية للخليج العربي، وقد شملت ساحل الخليج العربيّ الشرقيّ من ساحل بحر عمان الشماليّ حتّى السند، وساحل الخليج العربيّ الغربيّ من ساحل بحر عمان حتّى رأس الحدّ، وكذلك شملت جميع الجزر الواقعة بين ساحلَي الخليج الشرقيّ والغربيّ، أو مقابل ساحل بحر عمان بين رأس مسندم ورأس الحدّ، وقد اشتهرت بالتجارة والثراء، فقد لعبت دور الوسيط التجاريّ العالميّ بين الشرق الأقصى وخاصّة مع الصين وكذلك مع الشرق الأوسط وخاصّة الهند هذا من جهة، وبين بلدان حوض البحر المتوسّط الشرقيّة، لا سيّما سورية ولبنان والبلدان الأوروبيّة من جهة ثانية. فَجَنَتْ أرباحًا طائلة، وجمعت ثروة ضخمة، مكّنتاها من تجهيز قوّة مسلّحة احتياطيّة رادعة، سمحت لها بإفشال محاولات القضاء عليها بسهولة، وقامت مدينة هرمز، عاصمة المملكة الأولى، على البرّ، على رأس جو، ثمّ انتقلت إلى جزيرة جرون، وأُطلق اسم هرمز العتيقة أو القديمة أو الساحليّة، واسم هرمز الجديدة على المدينة المنشأة حديثًا. ودعيت مملكة هرمز سلطنة هرمز، ووردت جميع تلك التسميات في المصادر الإسلاميّة والفارسيّة. وينحدر ملوك هرمز القديمة إلى أصول عربية، وقد لعبت هذه المملكة دور سياسي كبير في منطقة الساحل الشرقي والغربي للخليج، ومن أهم المحطات التاريخية في عصر هذه المملكة دخولها في صراع مع السلطنة الجبرية، حيث تمكنت السلطنة الجبرية من السيطرة على عدد من المناطق الشرقية للخليج العربي وتقليص نفوذ مملكة هرمز فيها، وقد استمرت مملكة هرمز تؤدي دورها حتى سقوطها سنة 1622م. يُنظَر: خوري، مملكة هرمز... وما بعدها؛ «مملكة هُرمز العربية المستقلة أو بلاد السواحل والجزائر»، مجلة المشرق الرقمية - دار المشرق، ع 1، 2015م.

بين الطرفين إلى الوصول إلى قمة مراحل التنافر[1].

ولما كان كلٌّ من السلطان أجود وملوك هرمز يتمتعون بمقدرة سياسية ودهاء عسكري، كان من الطبيعي أن تشهد المدة الأولى من علاقتهما صراعًا سياسيًا وعسكريًا حادًا، حيث حاول كل منهم القضاء على خصمه أو على الأقل الحدّ من طموحه وتوسّعه. وتبيّن الأحداث التي دارت بين الطرفين خلال المدة (878-890هـ/ 1474-1485م) حروبًا بين الطرفين، حيث أظهر السلطان أجود في نهاية الصراع تفوقّه السياسي والعسكري على هرمز.

5. مع الصين:

ترجع العلاقة بين الصين والساحل الشرقي للجزيرة العربية إلى عصور قديمة، فقد ذكر أحد الباحثين[2] أن العلاقة بين الصين والعرب نشأت قبل الإسلام بقرون بطريقة غير منتظمة ثَمَّ تطورت وازدهرت إلى علاقة منتظمة قبيل ظهور الإسلام بقليل.

وقد استمرت بعد ظهور الإسلام بالتطور والتدرج، حتى وصلت هذه العلاقات في القرن الأول الهجري / الثامن الميلادي إلى مرحلة الانتظام في الرحلات البحرية بين الخليج العربي وأرخبيل الملايو والصين، حيث انطلقت رحلات أبناء الخليج العربي التجارية من مراكز التجمع التجاري والملاحي على سواحل الخليج من البصرة وسيراف[3] وموانئ البحرين - تشمل اليوم

(1) السليمان، الغزو البرتغالي، ص 125.

(2) يُنظَر: الصيني، بدر الدين حي، العلاقات بين العرب والصين، مكتبة النهضة المصرية - القاهرة، الطبعة: الأولى، 1370هـ/ 1950م، ص 8.

(3) سِيرافُ: هي مدينة جليلة على ساحل بحر فارس كانت قديمًا فرضة الهند، وقيل: كانت قصبة كورة أردشير خرّه من أعمال فارس، والتجار يسمونها شيلاو. ياقوت الحموي، معجم البلدان، ج2، ص294.

مملكة البحرين وقطر وموانئ السعودية المطلة على الخليج العربي- إلى أرخبيل الملايو والصين.

ثُمّ أخذت العلاقة تزدهر وتنمو في القرن الثالث الهجري/ القرن التاسع الميلادي إلى أن وصلت إلى درجة متقدمة من ازدهارها في القرن الثامن الهجري/ القرن الرابع عشر الميلادي[1].

بلغت هذه العلاقة أوج ازدهارها في القرن التاسع الهجري/ الخامس عشر ميلادي، فقد كانت الصين من أهم الأقطار التي ارتبطت بعلاقات تجارية مع السلطنة الجبرية، خاصة في عهد السلطان أجود، فهناك من المعطيات التاريخية ما يفيد أنه كانت هناك صلات تجارية وثيقة بينهما[2].

6. مع شرق إفريقيا:

لم توضح المصادر التي تم الرجوع إليها طبيعة العلاقة بين الساحل الإفريقي والسلطنة الجبرية، ولكن في اعتقادنا أن هناك ارتباطًا تجاريًا بينهما، إذ شكَّلت موانئ السلطنة الجبرية همزة الوصل في تلك العلاقات التي صُبِغت بالصبغة التجارية، فقد لعبت تلك الموانئ دور الوسيط التجاري بين شرق إفريقيا وشرق أسيا.

لم تكن تلك البلدان هي الوحيدة التي ارتبطت بعلاقات سياسية أو تجارية مع السلطنة الجبرية، بل هناك بلدان كثيرة أيضًا وكفى على ذلك شاهدًا أن صيت السلطان أجود وصل مصر والبرتغال بسبب ما بلغته سلطنته من مجد[3].

---

(1) يُنظَر: مرزوقي، حاج محمود حاج طه، الإسلام فى أرخبيل الملايو، رسالة دكتوراة غير منشورة، كلية اللغة العربية - جامعة الأزهر - 1977م، ص 97.

(2) ابن ماجد، الفوائد، ق 70أ.

(3) مجموعة من المؤلفين، موجز دائرة المعارف الإسلامية، ج6، ص1603.

الفصل الثالث

التوسّع في نجد وعمان

المبحث الأول

التوسّع في نجد[1]

وجَّه السلطان أجود بن زامل أنظاره شطر نجد وخصوصًا وادي الدواسر الذي تربطه به علاقات حميمة، وكذلك جنوب العراق والكويت (حاليًا) منذُ اللحظات الأولى من توليه الحكم، ويأتي التفاته إليها والاهتمام بها لإدراكه بأنها القاعدة التي ينطلق منها، لذا فقد فسعى إلى التوسّع فيها، وبسط سيادته عليها.

ومع أن المصادر التي تم الرجوع إليها لم تُشِرْ إطلاقًا إلى ذكر أهداف التوجه السياسي والعسكري للسلطان أجود بشكل واضح في هذه المنطقة،

---

(1) حدد أحد البلدانيين حدود نجد بقوله: «إذا خرجت من الكوفة وبلغت العذيب وقعت في نجد وأنت في نجد إلى أن تبلغ ذات عرق ثم تقع في تهامة وعن يمينك إذا خرجت من الكوفة إلى الشأم نجد وعن يسارك إذا خرجت من الكوفة العرض إلى الطائف نجد، ومن الكوفة إلى القادسيّة خمسة عشر ميلًا، ثم إلى العذيب طرف» وقال: «أكناف الجنوب من العراق نجد... وبنجد جبلا طيّئ المعروفان ومياههما ثم يليه الغور وهو من حدّ نجد الى آخر حدود تهامة». ابن خرداذبة، المسالك والممالك، ص125، 248. وحدد آخر حدوده: «وما كان من حدّ اليمامة إلى قرب المدينة راجعًا على بادية البصرة حتّى تمتدّ على البحرين إلى البحر فمن نجد». الاصطخري، أبو إسحاق إبراهيم بن محمد الفارسي (ت: 346هـ/ 957م)، المسالك والممالك، دار صادر بيروت، ص14. وحدد ابن المجاور حدود نجد بالآتي: «أما نجد و حدودها فما كان من حدّ اليمامة إلى قرب المدينة راجعًا على بادية البصرة حتى يمتد على البحرين إلى البحر فهو حدّ نجد». جمال الدين أبوالفتح يوسف بن يعقوب بن محمد (ت: بعد 626هـ/ 1228م)، صفة بلاد اليمن ومكة وبعض الحجاز المسماة (تاريخ المستبصر)، اعتنى بتصحيحها: أوسكرلوفجرين، دار التنوير - بيروت، الطبعة : الثانية، 1407هـ/ 1986م، ص78.

إلا أننا ومن خلال استنطاق الروايات التاريخية نستطيع أن نلحظ بوضوح هذا التوجه.

لقد أدرك السلطان أجود أن استقلاله بالحكم وتوسيع نفوذه لن يُقابل بالقبول من كثير من القوى في نجد، إذ سيعدُّون ذلك بمثابة تهميش لهم، لذا فإنهم لن يتوانوا عن إرسال الحملات بهدف خلخلة وزعزعة الأمن.

وفي ضوء هذه التوقعات المحتملة كان لزامًا على السلطان أجود أن يضع الخطط السياسية والحربية الكفيلة بدفع التدخل العسكري المحتمل وردعه، وأن يكون في وضع المهاجم.

ومن هذا المنطلق اقتضت الاستراتيجية العسكرية الإسراع والتعجيل في السيطرة على نجد بوصفها الممر المهم للقوافل التجارية البرية المنطلقة من جنوب الجزيرة العربية وشمالها وغربها.

كما أن استمرار بقاء بعض أجزاء نجد المحاذية لسلطنته في يد بعض زعامات القوى المحلية يعني استمرار الخطر الذي يهدد خطوط القوافل التجارية هذا من جهة، كما أن بقاء نجد دون السيطرة عليها يعني ترك ثغرات ومسامات في الظهر الذي يستند عليه بنو جبر من جهة أخرى.

ومن هذا المنطلق سعى السلطان أجود إلى إحكام السيطرة على نجد، وتثبيت الأمن فيه، بحيث يستخدمه كقاعدة حربية خلفية (مؤخرة للجيش)، يتم انطلاق الجيوش منها وإمدادها بالتموينيات والتعزيزات.

لكن هذه الاستراتيجية العسكرية للسلطان أجود تأخرت، حيث نراه لم يباشر التوسّع في نجد مباشرة، وإذا كان من سبب لذلك فهو - كما أحسب- :

1- انشغال السلطان أجود بتثبت دعائم السلطة في بداية حكمه.

2- انشغاله في الصراع مع مملكة هرمز.

3- لم تكن نجد من المناطق ذات الثقل الاقتصادي مثل البحرين وقطر وعمان الساحل، لهذا لم تكن ذات أهمية كبرى له كي يوليها اهتمامه ويترك للتوسّع فيها على وجه السرعة، لذا غضَّ النظر عنها إلى مرحلة لاحقة.

4- لم تكن نجد كغيرها من المناطق الأخرى تتميز بالتحضُّر فيكون التوسّع فيها له صدى وأهمية كبرى، فهي عبارة عن مناطق مترامية الأطراف يغلب عليها طابع البداوة.

5- يبدو أن الشغل الشاغل للسلطان أجود في نجد هو تأمين خطوط التجارة فيها فحسب، لذا كانت الغارات التي يشنها على نجد ضد القبائل التي تُثير العبث بطرق التجارة بهدف تأمين الطرق.

على كل حال؛ ولما تأخّر السلطان أجود في إخضاع تلك الزعامات والقوى القبلية بدأت بالتحرك وخلق حالة من الفوضى والاضطرابات وزعزعة الأمن، وشنّ هجمات على المناطق التابعة لسلطنته أو مناطق القوى الموالية له، وخصوصًا تلك الزعامات في جنوب نجد، وكذلك جنوب الكويت والعراق (حاليًا)، لذا كان لزامًا عليه الاستعداد لها والتحرك إليها لإخمادها والقضاء عليها.

لقد ذكر ابن بسام[1] بأنه في سنة 887هـ/ 1482م قام السلطان أجود بن زامل بحملة تأديبية بجيش كبير جدًا يتألف من جند الحضر والبادية ضد بعض القبائل في واحات نجد وقتل منهم وغنم، وكان سبب هذه الحملة تأديب تلك القبائل التي أكثرت الغارات على بوادي الأحساء.

(1) تحفه المشتاق، ص52.

وشهدت سنة 890هـ/ 1485م حملة تأديبية قام بها السلطان أجود بن زامل ضد بعض القبائل في واحات نجد وأقام فيها عدة أيام [1].

ومن الشواهد التاريخية أيضًا تلك الحملات التأديبية المكثفة الواسعة النطاق للسلطان أجود بن زامل في سنة 900 هـ/ 1494م، حيث خرجت جيوشه من الأحساء مارَّة بوادي زعب[2] حتى وصل ثاج[3] وأغار على عدد من القبائل النجدية وأكثر فيهم القتل وغنمهم، ثمّ توجه إلى نجد وأغار على الرويضة[4] أيضًا [5].

كما شهدت سنة 893هـ/ 1487م قيام السلطان أجود بن زامل بحملة تأديبية ضد بعض القبائل في الحرملية[6] من أقاليم نجد؛ وهدفت هذه الحملة إلى تأديب تلك القبائل التي أكثرت الغارات على بوادي الأحساء [7].

يتَّضح من الروايات السابقة أن تلك القوى هي التي بادرت بالغارات على السلطنة الجبرية، وظهر السلطان أجود بمظهر المدافع والمؤدب لتلك الزعامات، كما أنه استغل هذه الفرصة لتحقيق توسّعاته.

ومن المحتمل أن الدوافع التي دفعت تلك القوى للقيام بتلك الأعمال

---

(1) ابن بسّام، تحفة المشتاق، ص52.

(2) زِعْبُ: من سُلَيْم، واحدهم زِعْبي، وبلادهم في المنطقة الشرقية بجوار بلاد مُطَيْرٍ من الشرق. الجاسر، معجم قبائل المملكة العربية، ص310.

(3) ثاج القرية المشهورة بين الإحساء والبصرة: لكُود، محمد منير عبد المجيد، لكُود القشعم، تدقيق لغوي: حسام محمد منير لكُود - ريم محمد منير لكُود، وزارة الإعلام - جمهورية العربية السورية، الطبعة: الثانية، 25شعبان1424هـ/ 20/ تشرين الأول2003م، ج1، ص72.

(4) تقع مدينة الرويضة قرب منطقة الرياض.

(5) ابن بسَّام، تحفة المشتاق، ص55.

(6) الحرملية: تقع الحرملية بمحاذاة غربي السر الذي يقع جنوبي القصيم. بن خميس، عبد الله بن محمد، المجاز بين اليمامة والحجّاز، دار اليمامة - الرياض، 1390هـ/ 1970م، ص64، 66.

(7) ابن بسَّام، تحفة المشتاق، ص53.

ليس بهدف نشر الفوضى والقيام بعملية السلب والنهب فقط، وإنما أرادات أن يكون لها كيان خاص بها والتخلص من أيّ تبعية.

فإذا ما أمعنا النظر في الروايات السابقة سنجد أن تلك القوى قامت بتلك الأعمال ما بين سنتي 887- 893هـ/ 1482-1487م، وإذا قارنا هذه المدة مع ما كان يدور من أحداث في السلطنة الجبرية، سنجد أنها المدة نفسها التي كان السلطان أجود منشغلًا في صراعات وحروب مع مملكة هرمز[1] وكذلك التوسّع في عمان[2].

وقد ظلت نجد منطقة تعاني من الاضطراب في عهد السلطان أجود بن زامل، وكانت كثيرة التمرّد والعصيان، ولعل ما يؤكد ذلك إحدى قصائد ابن زيد[3]، وهي قصيدة وجهها إلى شخص يدعى كليب بن مانع، وهو ممن حاولوا مقاومة نفوذ أجود بن زامل الجبري وتوسّعاته، وحدثت بينهم وقعة على مورد لينة[4]، ومما جاء فيها[5]:

يقـول ابن زيـدٍ قـول راعـي مثايل   مقـالٍ علـى كل الـرواة مـكاد
قـل أيهـا الركب الـذي قـد تقلّلوا   علـى ضمّـرٍ روحاتهـن بْعـاد
إلـى مـا لفيتـوا بالمطايـا قواصـد   شـواغل من شـكوى الحفـا ولهاد

(1) عند ذلك الصراع يُنظَر: فيما سيأتي من هذا الفصل.

(2) عند ذلك الصراع يُنظَر: فيما سيأتي من هذا الفصل.

(3) يُعدُّ ابن زيد من أقدم شعراء الدولة الجبرية وأغزرهم إنتاجًا، ولم نجد له ترجمة في المصادر التي تم الرجوع إليها، وقد حفلت اشعار ابن زيد بكثير من الأحداث التاريخية، فقد كان الدولة الجبرية، واشتهر بمدحه للسلطان أجود وأبنائه، وحملت قصائده في طياتها أحداث مهمة في تاريخ السلطنة الجبرية وصراعاتهم مع العديد من القبائل النجدية.

(4) لينة: موضع في بلاد نجد عن يسار المصعد بحذاء الهرّ، وهي المنزل الرابع لقاصد مكة من واسط. ياقوت الحموي، معجم البلدان، ج5، ص29؛ البغدادي، مراصد الاطلاع، ج3، ص1214.

(5) الصُّوَيَّان، الشعر النبطي، ص300-302.

فخصّـوا بتسـليمي كليب بـن مانع ومـن لـذوي دانيـه عـزا وعمـاد
قولـوا لـه ان الذم ما هـوب واجب والاعـلام يحيـا ذكرهـا ويعـاد
أثابـك فيهـا اللـه حيثـك ظلمتهـا بشـرٍّ إلـى مـا قلـت هـوّن زاد
إن كان سـيفٍ حـان أو جـاه يومـه ومِهّـد فـي بطـن الثـرى بمهـاد
مـا مـات إلا عنـك فـي كل لقـوه لكـم عنـد زومـات العـدو سـناد
.... يـوم بخيره عليـك بهـا يـوم الوقيعـة حـاد
طمعـت وقلـت القـوم لاشٍ خلافه وكلٍّ علـى ماضـي قديمـة عـاد
ومنّيـت مـن يعطيـك ميـراث جده وذا ظـن مـن لا يختشـي بغـداد
نَحَـن غصّةٍ فـي كبد الأعـداء مطيلة إلـى قلـت يبـرا غلّهـا بـك زاد
تعـوّض بقعـا فـي بسـاتين مرغم والاوطـان في سـوق العـراق بلاد
عـدّاك ابن جبـرٍ ياكليـب وعادتـه لشـرواك عـن عـادي مقامـه عـاد
وتنبيـت مـا لا تهتويـه وسـطوه وشـارات جـودٍ ياكليـب مـكاد
فخذ حَـذَرٍ لو ما كنـت راعي عداوة مبيـنٍ فعـذري فـي عداتـك بـاد
كمـا انـك منـكارٍ ولا فيـك طيّب وانـت فبالشـر الـردي سـتاد
أطلـب لـك المهـلا زمـانٍ لعلهـا معَ سـالف انـوًا قـد مضيـن جياد
فـزادت لـك المهـلا علينـا حماقه وظلّيـت مـع راع الحماقـة غـاد
واقفيـت اذا ولّيـت وازيـت بعدها عـدوٍّ فضيّعـت الجميـل فبـاد
أسـالك بآيـات القـران وفضلهـا وأم القـرى والمرسـلات وصـاد
والحـرم الـذي قبـر فيـه محمـد. وباللـه ان اللـه فيـه سـداد
مـن المبتـدي منـا بالإحسـان أول ومـن لـه مبـدا بالثنـا ومعـاد
فـذا ذكرها قد جـاء لكم يـاآل مانع والاجـواد مـا تـدع الجميـل زهاد
لـك اللـه تجـزون الجميل بسـائه. وبالمـال ظنـي عـن صخاه شْـداد
تـرى ان كانـت الميعـاد لينـه بيننا. فـلا نرتضـي مـن دونهـا بسـداد
ولينـه ميـرادٍ علينـا مبـارك ولـم يَفْدِنـا مـن ورد لينـه فـاد
وخلّيتهـا كـرهٍ وخلّيـت حولهـا بيـوتٍ علـى روس الرفـاع تشـاد

قسـمناكم اثـلاثٍ فثلثيـن عندنـا ... وثلـث ابن غـزّيٍّ فـراح بـداد
وجمع ابن صـلالٍ قبيل ابن قشـعم ... عـداه عـن اسـباب الملامـة عـاد
وخانـوا بنـا أبنـا وثـال قصورنـا. ... والادنـاس تدعـى الخاينيـن رمـاد
فقـل لال عيسـى عيذ باللـه خيلهم ... فهـن مطاويـعٍ وهـن جيـاد
صحاح النواصي عن شـبا ذارع القنا ... وسـوم القنـا بعيازهـن جـداد
يرفّعـن بالسـيقان عـن كل مايـق ... وهـو بيـن طـلاب الديـون يقـاد
إلـى قلـت ردّوا واتّقـوا دون مالهم ... لكـن بيـد الطالبيـن جـراد
وان جـاد خَطَـرٍ قـد تهيّـا نباتـه ... وقـد سـال بايـام الربيـع وجـاد
رعينـاه بالشـم المناعيـر والقنـا ... إلـى عنـه مذمـوم العشـيره حـاد
بجمـعٍ مضـاويٍّ لكـن حرابـه ... نجـوم الدجـى خطـرٍ لقـاه مـكاد
اهـل شـيمةٍ عليـا ونفـسٍ عزيـزه ... عـن الـدون مـا شـوفاتها بزهـاد
أبـا سـندٍ زبـن المشـافيق أجـود ... إلـى مـا غـدى المسـتاخرين غواد
وهو بحر الجـودا وهو مغرس الندى ... وراعـي صخا مـن سـالف وجداد
وصلـوا علـى خيـر البرايـا محمد ... عدد ما سـعى سـاعي ونـادى مناد

وهكذا وضحت القصيدة أن السلطان أجود استطاع هزيمة كليب وأصحابه وأزاحهم عن ديارهم، ويبدو أن إزاحتهم عن ديارهم كنوع من العقوبة، ومن المحتمل أن سبب هذه المعركة ليس توسُّع السلطان أجود في تلك الديار، وإنما خروجهم عن الطاعة وموقفهم المعادي من السلطنة الجبرية، ولهذا كانت العقوبة طردهم من بلادهم وتشريدهم.

ويبدو أن السلطان أجود لم يقم بهذا العمل إلا بعد محاولته التوصل لحلول سلمية، فقد عُرف عنه تسامحه وكرمه، لكن تعنتهم وتكرارهم في عملياتهم الحربية اضطره لعمل ذلك.

ولعل ما يؤكد ذلك ابن حماد الذي رد على قصيدة ابن زيد بقصيدة طويلة[1] فممّا جاء فيها:

1)يقـول ابن حمّـادٍ ومـن لا يكوده … مثايـلٍ تِرثـى بالهجـا وتعـاد
02) وتصفيـف مـا لا كان الا ظليمه … ورب المـلا للظالميـن سـداد
03) ولا اعتَزّ من قال الهجا صوب غافل … ولا نـال مـن قـال القبيـح مـراد
04) فقم أيها الغـادي على بنت حرّه … وسـيعة مـا بيـن اليديـن سَـناد
05) مكلّفةٍ وجنا صبورٍ على السـرى … تفـزّز إلـى طـال المسـير وزاد
06) سـرها وتلفي مـن عزانا جماعه … أهـل مقفـلاتٍ بالعـدو جيـاد
07) فعمهم التسـليم منـي وقل لهم … الاعـلام فيهـا كاذبٍ ووِكاد
08) لفانـي بـلا جهلٍ كتـابٍ مورّخ … بـذمٍّ وعنـدي كاغـدٍ ومـداد
09) يقـول ابن زيدٍ عيـذ بالله خيلنا … فهـن مطاويـعٍ وهـن جيـاد
10) فأطـوع منها خيلكـم يوم دبّرت … وهـن مـن اطـراف الرماح شـراد
11) يرفّعن بالسـيقان عـن كل مايق … وهـو بيـن طـلاب الديـون يقـاد
12) وهـن شـرودٍ عـن لقانـا كأنها … عليهـن ركّابٍ وهـن غـواد
13) فيامبلغ جاني سـلامي عسـاكر … كمـا انـه مـن روس الملـوك وعاد
14) يقول بيوت الشـعر يبغـي تِعِلّق … إلـى نفـرٍ سـادوا عليـه وبـاد
15) وهو كان مثـل النار في دار عامر … وصيّورهـا بعـد الثقـوب رمـاد
16)فقد طحت في أيدي القديمات وايتلوا … زمامـك ولا مِـدّت عليـك ايـاد
17) ومن يهجي القوم الذي يخفرونه … عـن الذبـح مغـزيٍّ بغيـر فـواد
18) وقولك سـيفٍ مات منا وهو لنا … إلـى شـد للحـرب العوان شـداد
19) فـلا مات إلا عنـك وآزيت عقبه … كمـا ثُمُّـدٍ مـا عـاد فيـه معـاد
20) وقد كان باطراف الرماح على اجود … وسِـلِم ولا مـن عقـب ذيـك يعاد
21) وهو عقب ما قد داس فيكم جذت به … جـواده ولا عرجـت عليـه جـواد

(1) الصُّوَيَّان، الشعر النبطي، ص 302 - 304.

22) وترثي لك الحسـنى علينا ومنكر   جمايـل منهـا دارسٍ وجـداد
23) وأحداثـك الخبثات جهرٍ وباطن   وشـرٍّ إلـى مـا قلـتَ هَـوّن زاد
24) تـوري بنصحٍ وانت راعيٍ مناجل   معطّفـة روس الرقـاب حـداد
25) مدفّنْـةٍ تحتَ الثـرى جوف عنه   غتـارٍ لمـن يبغـى يعـود يصـاد
26) فاسـايلك بايات القران جميعها   كمـا سـلتني بالمرسـلات وصـاد
27) وبالبيـت وباللي يزار قبره محمد   علـى الطول مـا زال الحجّيـج يعاد
28) من المبتدي فيما ذكرت ومن بقى   يقاضـى بسـوٍّ فالسـؤال يعـاد
29) ويـوم شْـراك التمر بـاغٍ طلوعه   ولا عـأدت الأحسـا لكـم ببـلاد
30) وعدّاكـم عنهـا كليب بـنٍ مانع   وصـار لحزمتكـم فنـا ونفـاد
31) وجبتـوا كما جابوا زيـادٍ لواهج   وغيـره عـن حـر الوقيعـه حـاد
32) جزيتـوا كما جازا كليب بن وايل   فثيـرٍ بشـرٍّ قبـل ذاك فبـاد
33) واشركت في الأعلام شيخان عامر   تبـادا وهـم عمـا تقـول بـراد
34) نَحَـن غصّةٍ فـي كبادكم كل لقيه   إلـى ثـار ريعـان العجـاج وكاد
35) يشـوقك منا خَـزّ الابطال مالكم   يشَـلٍّ وفرسـان الغـواة غـواد
36) ومـن قبلة المطـلاع فيكم وقيعه   لجـا غِلّهـا باقصـى ضميـرك زاد
37) ولما قضينـا وارتضينا على اللقا   وزان القضـا لـي يابـن زيـد وجاد
38) غديـت وخلّيت السـوام وزامل   يفـوق علـى البيـدا بغيـر وسـاد
39) قتلوا مشـاكيل القديمـات عيله   بـلا سـببٍ ياعايليـن عنـاد
40) ولما قضيتـوا وارتضيتوا وجيتوا   إلـى القـومٍ كـفٍّ قاطعيـن عنـاد
41) قتلنا لكم خمسٍ وعشـرين سابق   وتسـعين قَلْـعٍ والعجـاج ركاد
42) مع خمسـةٍ منكم وعشرين خِلّيَوا   لطيـر الفـلاٍ والضاريـات معـاد
43) يعودهم السرحان والنسر والحدا   وهـم فـي صـدور الناجيـات جياد
44) قضا فـي عليّانٍ وفـي قتل مانع   والاقـلاد تدعـي الخاينيـن رمـاد
45) وقولـك بقعا في بسـاتين مرغم   والاوطـان في سـوق العـراق بلاد
46) نبايـع فيهـا يابن زيدٍ ونشـتري   مـن اموالكـم مـا هـي لنـا بِتْـلاد

47) نجيها مع فجاج الخلا وانت غافل على ضمرٍ من مالكم وجياد
48) على راي شيخٍ بالحروب مسلّط يخلّي قراشيع الخصيم بداد
49) كليب زبن الجاذيات ابن مانع ومن له مبدا بالثنا ومعاد
50) ان زدت زدنا يابن زيدٍ ولا لكم علينا بترديد الحديث رشاد
51) وصلوا على خير البرايا محمد عدد ما سعى ساعٍ ونادى مناد

إن قصيدة ابن حماد سجل تاريخي مليء بالحوادث التاريخية لعدد من الأحداث في عهد السلطان أجود في إقليم نجد، وعند القراءة التاريخية للقصيدة يتضح أن الوقعة الحربية التي حدثت في لينة كانت بين السلطان أجود، وقبيلة القديمات (في البيت 18) التي كان يتزعمها كليب بن مانع.

كما تذكر الأبيات الأولى من القصيدة إلى البيت (37) أنه قد جرت بين الطرفين وقائع كثيرة فكانت لهم الغلبة فيها على السلطان أجود وقومه لدرجة أنهم هددوا الأحساء، وهذا ما ذكره الشاعر في البيت(29)، كما ذكر وقعة حربية في البيت (36) مُني فيها السلطان أجود بهزيمة، ويبدو أن سبب تشريدهم هو أن السلطان أجود لم يستطع صبرًا على غاراتهم، فكانت وقعة لينة الوقعة الفاصلة التي فيها هزمهم واضعف شوكتهم.

وعلاوة على ذلك توضح القصيدة في الأبيات (38–42) حدة المعركة وشراستها، فإذا كانت قصيدة ابن زيد وضحت القتلى وحكم الخسائر التي تكبدها العدو، فإن هذه الأبيات وضحت حجم الخسارة التي لحقت بجيش السلطان أجود، فقد بلغت خمسًا وعشرين فرسًا تم قتلها وغنموا تسعين فرسًا، وخلّفوا خمسة وعشرين قتيلًا، وكان من ضمن القتلى شخص اسمه زامل، ويبدو أنه من الأسرة الجبرية.

وعلى الرغم أن السلطان أجود كان يستخدم سياسة اللين مع قبائل نجد، حيث يقرِّبهم منه ويُغدق عليهم الأموال ويكرمهم، فإن هذا لم يجدِ نفعًا معهم،

فقد كانوا يميلون للتمرد والخروج عن طاعته، ويبدو أن صفة البداوة كان لها تأثير كبير في هذا السلوك.

فمن الشواهد التاريخية الدالة على ذلك ما ورد في قصيدة ابن زيد، ففيها يحذر شخصًا اسمه سليمان من مناوءة أجود ويذكره بفضل أجود عليه، إذ يقول[1]:

حذاري حـذاري ياسـليمان لا تكن   فراشـة نـارٍ حيـن جاهـا وقودهـا
ولا تنـس جزلات العطايـا من أجود   إذا نسـى جزلات العطايـا جحودها

لم يقتصر الأمر من قبائل نجد على الغارات الفردية وإنما -على ما يبدو- قيام تحالفات ضد السلطنة الجبرية، وهذا ما نلاحظه في قصيدة لابن زيد يطلب من شخص يدعى نبيط بن ثابت أن يخلِّي دياره التي استولى عليها أجود ابن زامل معاقبة له على انحيازه إلى جانب أعداء أجود ومصاحبته لهم، فمِمَّا جاء فيها[2]:

تبيّـن عنهـا يانبيط بـن ثابـت   فلا عقـب صحباك المعـادي تذوقها
فهـي دار من يقري ويـذري وينتخي   ويِـدّي عليهـا بالهـوادي حقوقهـا
أبـا سـندٍ حـرج الجـواد ابن زامل   إلـى جذّبـوا شـرثاتها مـن لحوقها
وافـى الـذرى ما خـان يـومٍ عميله   والاعلام تلفـي غربها من شـروقها

ويبدو أن التمرد على السلطنة الجبرية في عهد السلطان أجود في نجد كان متواصلًا، لكن السلطان أجود لا يكلّ ولا يمَلّ من إرسال الحملات التأديبية لكسر شوكتها.

وهكذا ظلت نجد في عهد السلطان أجود غير مستقرة، يغلب عليها طابع البداوة، وهذا الأمر دلت عليه الشواهد التاريخية والأشعار، فبقيت نجد في تلك المدة بعيدة عن التحضر والتمدن.

(1) الصُّوَيَّان، الشعر النبطي، ص304.
(2) المرجع السابق نفسه، ص 305.

وعلى ضوء هذا نستطيع القول إن تلك القوى استغلت انشغال السلطان أجود بصراعه مع مملكة هرمز وتوسّعه في عمان، وأرادت أن تستغل هذا الوضع لكي تحقق مكاسب سياسية لنفسها.

ومهما يكن من أمر فإن السلطان استمر في عملية التوسّع، لذا فقد وصل توسّعه في نجد إلى المناطق الجنوبية للكويت الحالية وكذلك المناطق الشرقة لنجد[1]، كما استطاع السلطان أجود إخضاع المناطق الجنوبية من العراق الحالية بدليل أن البصرة كانت تحت السيادة الجبرية في بداية حكم السلطان محمد بن أجود سنة 912هـ/ 1508م[2].

---

(1) Rentz, G. "DJABRIDS." Encyclopaedia of Islam. Edited by: P. Bearman, Th. Bianquis, C. E. Bosworth, E. van Donzel and W. P. Heinrichs. Brill, 2007. Brill Online.

(2) ابن إياس، محمد بن أحمد(ت: 930هـ/ 1425م)، بدائع الزهور في وقائع الدهور، تحقيق : محمد مصطفى، الهيئة المصرية للكتاب - القاهرة، 1396هـ/ 1976م، ج5، ص431.

المبحث الثاني

التوسّع في عُمان

1. تمهيد:

عمان إقليم واسع على حدود بلاد البحرين يشرف على بحر عمان والخليج العربي من الشرق والشمال الشرقي، أما من الجنوب فيُطلّ على البحر العربي في حين أن جهاته الغربية تقع على حدود بوادي نجد وبلاد اليمن. ومما يجدر ذكره هنا أن كثيرًا من الجغرافيين يدخلون أجزاء من بلاد اليمن في بلاد عمان والعكس صحيح أيضًا.

ولكي نبرز الوضع السياسي في عمان ونستطيع أن نعرف الاستراتيجية السياسية للسلطان أجود وأهدافه في عمان، لابد من توضيح الوضع السياسي في عمان قبل تولي السلطان أجود الحكم.

فمنذ الربع الأول من القرن التاسع الهجري/ الخامس عشر الميلادي شهدت عمان الداخل محاولات متكررة للإباضيين لاستعادة نفوذهم على عمان مستغلين حالة التذمر والاستياء لدى السكان من نفوذ هرمز المسيطر على موانئ عمان هذا من جهة، وكذلك نحو الحكام النبهانيين والصراع الداخلي داخل البيت النبهاني من جهة أخرى.

وقد أدت الاضطرابات والانقسامات إلى ضعف القوى المحلية في عمان، ويبدو أن هذا الأمر مهّد الطريق لتدخل السلطان أجود وبسهولة في شؤون عمان الداخلية، بل وضمّ أجزاء واسعة من عمان.

2. استنجاد السلطان سليمان بن سليمان النبهاني[1] بالسلطان أجود:

تعتبر مدة حكم السلطان سليمان بن سليمان بن مظفر النبهاني (874-909هـ/ 1469-1503م) البداية الفعلية لتدخل بني جبر في عمان، فقد غلب على مدة حكمه طابع الصراعات وخصوصًا مع أخيه حسام وبعض زعماء القبائل العمانية المتنافسة من جهة، ثُمّ النزاع مع الأئمة الإباضيين من جهة أخرى.

ويبدو أن هذه الصراعات التي تكالبت عليه قد أضعفت من قواه، لذا قاده تفكيره للبحث عمّن من يسانده ويقف إلى صفه، ويبدو أن تفكيره قاده إلى الاستنجاد وطلب يد العون من السلطان أجود بن زامل، فقد وُجِد في ديوان شعره استنجاده بالسلطان أجود لمساندته في الصراع الدائر بينه وبين أخيه حسام.

فقد أرسل سليمان بقصيدة ميمية إلى السلطان أجود بعد انتصاره على قوات أخيه في معركة (حبل الحديد) أو (الحُبيل) يطلب فيها دعمه ضد أخيه المعارض له، وقد أطنب سليمان في هذه القصيدة بالثناء على السلطان أجود، حيث استهل مطلعها بالثناء على السلطان أجود، ثَمَّ مدح نفسه بشجاعته واستبساله في معركته ضد أخيه، وأخيرًا يختتمها بعتاب رقيق على السلطان أجود نقتبس منها الآتي[2]:

---

(1) حكم آل نبهان منذ منتصف القرن الثاني عشر. حتى مجيء الاستعمار البرتغالي واحتلاله لموانئ «قريات» و«مسقط» و«مطرح» و«خورفكان» عام 1507م وبذلك ضعفت سيطرة بني نبهان.
Samuel B. Miles, The Countries and Tribes of the Persian Gulf, 2 Vols, London, 1919, and 2nd ed. in one volume, 1966, p. 4; Alexander Hamilton, A New Account of the East Indies, A General Collection of the Best And Most Interesting Voyages And Travels in All Parts of the World Digested By John Pinkerton, Vol. VIII, London, 1811, p. 288.

(2) يُنظَر: نص القصيدة كاملة، النبهاني، سليمان بن سليمان (ت:909هـ/ 1503م)، ديوان النبهاني، تحقيق: عز الدين التنوخي، وزاة التراث والثقافة - مسقط، الطبعة : الثانية، 1426هـ/ 2005م، ص293 - 298.

أبا سـنـدٍ قــرْم المـلوكِ ابن زامـلٍ   ومـن يتّقيـه فـي المِكــرِّ المُصـادِمُ
وسـيفًا يـروِّي كـل سـيفٍ وذابـلٍ   إذا أحجمت خـوف الحِمام المقـادمُ
وزامـل ربَ الفضلِ والبـأسِ والوفا   ومــن قصُرت عنـه الملـوك الأكارمُ
هـم القـومُ سـادوا كلَّ حـي وشـيدوا   مـراتـب لـم تبلـغ مـداهـا النعـائمُ
ليـوثٌ صـناديدٌ غيـوثٌ هـواطـلٌ   جبــالٌ مُنيفــاتٌ بحــارٌ خضــارمُ
هــم الأُسْـد إلا أنهــم فـي نِـزالهــم   تذل لهـم أُسْـدُ العــرينِ الضــراغمُ

وقال واصفًا بسالته وشجاعته وإقدامه في معركة حبل الحديد:

وأشـرعتُ رمحـي طاعنـا لمدُجَّجٍ   فأخليـتُ منـه سِـرجه وهـو راغمُ
وبـادرت عُكلي بـن عزيـزٍ بضربة   فخـرَّ صريعًـا لـم يقـم فيـه قائمُ
وطـاغٍ قُضاعـيٍّ أطـرت قذالـه   بسـيفي ولـم تحفظـه منـي التمائمُ
فظـلَ عفيـرا ناضحًـا بنجيعـه   تناهبُـهُ تحـت العجـاجِ القشـاعمُ
فكلُّـوا وملُّـوا وأذعـروا وأوجفـوا   فِرارًا كمـا فرَّت - لعمـري- النعائمُ
وحـاد حسـامٌ عـن حسـامي مُهلِّلًا   يـروح ويغـدو وهـو للنفـسِ لائمُ

ثَمَّ ختمها بعتاب على بني جبر لتخليهم عنه:

فلـمْ تخذلونـي عنـد كل عظيمـةٍ   وكفِّـي بكـم - ياللمـروءة- لازمُ
تخليتـمُ عنـا فطالـت يـدُ العِـدى   علينـا وثـار المُسـتنِيم المُخاصـمُ
أخيفـوا قلوب القوم تخضـع رقابُهم   لكـم أبـدًا فالقـوم صُـمٌ صـلادمُ
أميتـوا نفوس الأمـر منهـم بصولةٍ   خُويخيَّـة تنفـضُّ منهـا الحيـازمُ

إلى أن قال:

فكونـوا كظنِّـي فيكـمُ إن لـي بِكمْ   لظنًّـا جميـلاً عهـده متقـادمُ
بقيتـم ولا زال الإلـهُ مسـاعدًا   وظهـرًا لكـم واللـهُ بـرٌّ وراحـمُ

ومع أن سليمان بن سليمان النبهاني لم يُذكر في الأبيات الشعرية السلطان أجود صراحة، لكنه اكتفى بكنيته أبو سند بن زامل، وهذا يدل على أن المقصود

هو أجود بن زامل وليس أخاه سيفًا الحاكم قبله، فقد ورد اسم أبي سند مقدمًا على اسم سيف مما يدل على أن سيفًا هو ابنه، وأردفه باسم الابن الآخر زامل، وما كان سليمان ليقدم أجود على أخيه سيف لو كان في مدة حكم الأخير.

ومن المجزوم به أن النبهاني كان يخاطب بهذه القصيدة السلطان أجود الذي كان على رأس حكم السلطنة الجبرية، ولعل ما يؤكد ذلك أن السلطان أجود كان في حكم السلطنة الجبرية بحدود المدة بين عامي 872هـ-911هـ/ 1467-1505م؛ أي أن السلطان أجود قد تولي الحكم قبل سليمان وتوفى بعد حكم سليمان النبهاني 874- 909هـ/ 1469-1503م.

وهناك ملاحظة مهمة هي ذكر سليمان السلطان أجود بكنية أبا سند، وهذا يدل على أن للسلطان أجود ولدًا يسمى سندًا.

ومهما يكن من أمر فإنه عند دراسة هذه الأبيات من القصيدة دراسة تاريخية تحليلية يتضح لنا الآتي:

أ- تبيّن أبيات المقطع الأول مدى قوة السلطان أجود وشجاعته وشهرته في ساحات القتال.

ب- تعبّر أبيات المقطع الثاني عن شجاعة السلطان سليمان النبهاني وتوصّل رسالة للسلطان أجود بانتصاره على أخيه في معركة حبل الحديد.

ج- تحمل أبيات المقطع الثالث عتاب سليمان على السلطان أجود لعدم استجابته لنصرته.

وعلى ضوء ما سبق يتَّضح أن سليمان استنجد بالسلطان أجود قبل معركة حبل الحديد، لكن السلطان أجود لم يقدم له أيّ مساعدة، أما هذه القصيدة أرسلت للسلطان لأجود بعد المعركة، بدليل معاتبة سليمان للسلطان أجود في نهاية القصيدة.

أما سبب عدم مساعدة السلطان أجود لسليمان بن سليمان النبهاني في صراعه ضد أخيه فهو أمر لم تذكره المصادر التي تم الرجوع إليها، ولكن من المحتمل أن يكون أحد الأسباب الآتية:

- عدم تهيئة الظروف السياسية للسلطان أجود، فمن المحتمل أن هذا الأمر كان في بداية تولي السلطان أجود الحكم.
- من المحتمل أن السلطان أجود رأى أن سليمان قد بلغ من الضعف، وأن مساعدته غير مجدية.
- ربما يكون لعلاقة المصاهرة التي تربط النبهانيين بمملكة هرمز تأثيرها في عدم تقديم السلطان أجود المساعدة له، خصوصًا وأن العلاقة بين السلطان أجود ومملكة هرمز غير مستقرة، لهذا رأى في مساعدة سليمان على تعزيز نفوذ مملكة هرمز.

وبناءً على ما ذكر فإننا نفترض أن طلب سليمان المساعدة كان في بداية حكمه؛ ولعل ما يُعزّز هذا الاحتمال هو أن الصراع كان مع أخيه الذي ربما كان معترضًا على تولي سليمان للحكم.

ومهما يكن من سبب فإن هذا الأمر كان بمثابة الضوء الأخضر للسلطان أجود بن زامل للتدخل المستقبلي في عمان.

3. التوسّع السلمي للسلطان أجود في الجو والجوف ومناطق قبيلة بني ريام العمانية:

عندما دبّ الضعف في الزعامات المحلية بسبب الصراعات الدائرة بينهم بدأت تحركات السلطان أجود الدبلوماسية للتوسّع في عمان، ويبدو أنه استخدم سياسة الترغيب واللين مع بعض الزعامات المحلية لكسب ودّهم وضمّهم إلى سلطنته.

ويبدو أن سياسة السلطان أجود اقتضت كسب ولاء المناطق العمانية المحاذية لسلطنته، وقد نجح في ذلك حيث تمكن - على ما يبدو- من دخول منطقه الجو التي اتخذها الجبريون معقلًا لهم، ثمَّ بعد ذلك انطلقوا من الجو إلى الجوف ومناطق قبيلة بني ريام، وجميعها دخلت في طاعتهم سلميًّا.

ومن المحتمل أن كل هذا حدث بحدود النصف الثاني من العقد التاسع من القرن التاسع الهجري/ الخامس عشر ميلادي، لتبدأ بعد ذلك مرحلة التوسّع العسكري للسلطان أجود في عمان.

وقد ذكر أحد الباحثين[1] قصيدة فيها حادثة غزو تعرضت لها منطقة عقر نزوى[2] من قبل السلطان أجود، حيث اشترك في هذه الحملة أهل البحرين والأحساء وظاهرة عمان، ولم يذكر تاريخ هذه الحادثة إلا أنها كما يبدو قبل سنة 893هـ/ 1487م، ويظهر أن القصيدة تعرضت للتحريف من قبل النسّاخ، وفيها اضطراب واضح، وسنكتفي بالأبيات التي هي موضع الاستشهاد.

واستجاش الأعداء من كل فج. كل قوم قد جمَّعوا أقواما.
من أقاصي البحرين فالجوِّ فالأحساء. حقًا يبغون منا اصطلاما.
وأتتنا رساتقُ الجوفِ عدْوًا. ورِيامٌ وما عددنا رياما.
يرِدون البطاح بالخيلِ والرَّجْل. كما تورد النصيح الهياما.

يتضح من أبيات هذه القصيدة أن جيش السلطان أجود ضمّ العديد من

---

(1) المطروشي، عناقيد ثقافية، ص 89-90 (نقلًا عن كتاب إتحاف الأعيان في تاريخ بعض علماء عمان) وهي قصيدة ميمية للفقيه الإباضي الشيخ مدَّاد بن محمد بن فضالة الناعبي القضاعي وهو من فقهاء النصف الثاني من القرن التاسع الهجري/ الرابع عشر ميلادي.

(2) نزوى: هي قاعدة الجبل الأخضر بعمان. اتخذ الملك محمد بن سليمان النبهاني من «نزوى» عاصمة له بعدما كانت «بهلا» العاصمة في عهد بني نبهان الأوائل. الدؤاد، محمد علي، «ملامح التاريخ السياسي لمنطقة الخليج العربي»، مجلة الخليج العربي - جامعة البصرة، ع8، 1977م، ص11.

المقاتلين العمانيين من مناطق الجو والجوف وريام، وهذا يدلّ على أن هذه المناطق قد انضوت تحت حكم السلطنة الجبرية، وقد انخرطوا في جيشها، وكانوا خير معين للسلطان أجود في توسّعة في بقية مناطق عمان التي ابتدأها بنزوى.

4. مساعدة السلطان أجود لإمام الإباضية عمر بن الخطاب الخروصي[1] ودخوله بهلا[2]:

بعد أن توسّع السلطان أجود في الجو والجوف وبلاد قبيلة ريام وكذلك نزوى توقف في هذه المناطق، وأخذ يراقب الوضع الداخلي في بقية المناطق العمانية ويترقب الفرصة السانحة للتوسُّع في بقية المناطق.

وقد بلغ الصراع بين النبهانيين والإباضيين ذِروته في بداية منتصف القرن التاسع الهجري/ الخامس عشر ميلادي، حيث استطاع إمام الإباضية عمر بن الخطاب بن محمد الخروصي حسم هذا الصراع وانتزاع الحكم من النبهانيين، وظل يسيطر على الحكم لعدة سنوات، إلا أن سليمان بن سليمان النبهاني تمكَّن من الإطاحة به.

لكن الإباضيين أعـادوا الكرة مرة أخرى، فسعوا بقيادة الإمام عمر ابن الخطاب الخروصي للتخلص من سليمان، لكن ذلك لم يكن بالأمر السهل

---

(1) عمر بن الخطاب بن محمد بن أحمد بن شاذان بن صلت بن مالك الخروصي، بويع بالإمامة سنة 885هـ/ 1480م ولم يعرف تاريخ وفاته. يُنظَر ترجمته: السالمي، الإمام نور الدين عبدالله بن حميد، تحفة الأعيان بسيرة أهل عمان، مطبعة الشباب - القاهرة، الطبعة: الثانية، 1350هـ، ج1، ص321 - 328.

(2) بَهْلا: بلد على ساحل عمان. ياقوت الحموي، معجم البلدان، ج1، ص516؛ البغدادي، صفيّ الدين عبد المؤمن بن عبد الحق بن شمائل القطيعي البغدادي الحنبلي(ت: 739هـ/ 1338م)، مراصد الاطلاع على أسماء الأمكنة والبقاع، دار الجيل - بيروت، الطبعة: الأولى، 1412 هـ، ج1، ص235.

ومن هنا كان لابد من إيجاد حليف يساندهم، فوقع اختيارهم على السلطان أجود.

لكن لماذا وقع اختيار الإباضيين على السلطان أجود لمساعدتهم للتخلص من سليمان بن سليمان النبهاني؟.

من المؤكد أن الإباضين قد فكروا كثيرًا في مسألة اختيار الحليف الذي يساندهم، وبعد دراسة وتفكير وقع اختيارهم على السلطان أجود، ويبدو أن هذا الاختيار جاء كنتيجة لما يتمتع به هذا السلطان من قوة ونفوذ كما أنه يُعَدّ أقوى زعيم في الجزيرة العربية، لهذا وقع الاختيار عليه.

ومن هذا المنطلق ذهب إمام الإباضية عمر بن الخطاب الخروصي إلى الأحساء طالبًا المساعدة من السلطان أجود والذي أبدى استعداده للمساعدة، ومع هذا يعود السؤال ليفرض نفسه مرة أخرى ولكن بشكل مختلف عن سابقه وهو: ما السبب الذي جعل السلطان أجود يوافق على مساعدة الإباضية؟

إن الإجابة المنطقية عن هذا السؤال تفيد أن السلطان أجود أراد أن يجعل من مساعدة الإباضيين وسيلة لتحقيق غايته أو أهدافه التوسّعية، فأراد استثّمار هذا الأمر لصالحه وتوسيع نفوذه، لذا لم يترك السلطان أجود هذه الفرصة - التدخل في شؤون عمان- تضيع عليه، وهو أمر - كما أحسب- يتطلّع إليه.

فقد شعر السلطان أجود أنه في حالة من القوة تمكّنه من بسط نفوذه وتوسيع مملكته، وفي الوقت نفسه أدرك أن بسط نفوذه على عمان أمر في غاية الأهمية، فمن خلال خبرته ودهائه أدرك أن القوى السياسية التي سبق لها أن بسطت سيطرتها على شرقي الجزيرة العربية، قد اتخذت من عمان بوابة لها ومركزًا استراتيجيًا لحمايتها.

وعلاوة على ذلك فقد رأى السلطان أجود أن وقوفه إلى صف الإباضيين ضد سليمان النبهاني الذي تربطه صلات قرابة (عائلية) بملك هرمز إضعافٌ

لها، حيث تجعل مملكة هرمز من الأراضي العمانية درعًا واقيًا لحماية ممتلكاتها في شرق الجزيرة العربية، لذا أراد السلطان أجود إيجاد موطئ قدم في عمان للضغط على ممتلكات هرمز الواقعة على امتداد عمان الساحل.

إن هذه هي الأهداف الاستراتيجية- كما أحسب- غير المعلنة للسلطان أجود التي سعى إلى تحقيقها في مناطق عمان، أما الأهداف المعلنة فهي تلك التي اشترطها السلطان أجود على الإباضيين لمساعدتهم ضد النبهاني، فقد اشترط عليهم أن يدفعوا جزءًا من حاصلات عمان الزراعية إليه كل عام[1].

ومهما يكن من أمر فقد أرسل السلطان أجود جيشًا كثيفًا إلى عمان بقيادة ابنه سيف في سنة 893هـ/ 1487م لمساعدة عمر بن الخطاب الخروصي، وقد تمكنت هذه الحملة من طرد سليمان بن سليمان النبهاني، الذي لجأ بدوره إلى مملكة هرمز، ليتم تنصيب الإمام عمر بن الخطاب الخروصي حاكمًا على عُمان الداخل[2]، وبذلك اتسعت مملكته فشملت عمان بعد أن تخلّص من أميرها سليمان بن سليمان بن نبهان وقضى على الأسرة النبهانية [3].

وتجدر الإشارة إلى أن ابن ماجد[4] ذكر أنه عند انتصار جيش السلطان أجود بن زامل الجبري ودخوله إلى بهلا - عاصمة السلطان سليمان النبهاني- خرج سليمان بن سليمان وجميع خدامه وأعوانه من حصن بهلا ودخلها عامل ابن جبر يوم الأربعاء من شهر ربيع الأول سنة 893هـ/ 1487م، وضرب [أو خرب] حصن بهلا، لكن ما ذكره ابن ماجد في نصّه المتقدّم من أن سيف بن أجود ابن زامل هدم جميع حصون عمان فيه مبالغة؛ لأن عمان من أكثر البلاد

---

(1) ابن ماجد، الفوائد،

(2) المرجع السابق نفسه، الفوائد، ق150.

(3) المرجع السابق نفسه، ق 150؛ محمود شاكر، التاريخ الإسلامي، العهد المملوكي، المكتب الإسلامي - بيروت، الطبعة: الثانية، 2000م، ص117 - 118.

(4) الفوائد ق70أ.

حصونًا وقلاعًا، فلذا لا يمكن أن يهدموها وهم بحاجة إلى تحصينات يحتمون بها من المناوئين لهم، فلعله هدم بعض حصونها التي في أيدي بني نبهان[1].

ومهما يكن من أمر؛ فإن هذا التدخل العسكري للسلطنة الجبرية في عمان وما تضمَّنه من شروط كان بداية ليمارس السلطان أجود نفوذًا سياسيًّا واقتصاديًّا وعسكريًّا واسع النطاق في مناطق عمان.

5. التوسّع في صحار [2] وخورفكان[3] :

لقد أخذ التوسّع الجبريّ يزداد مع الزمن، خصوصًا وأن الأوضاع الداخلية المضطربة لعمان كانت عاملًا مساعدًا على توسيع نطاق هذا النفوذ وتقويته، كما يجب أن لا ننسى الدواعي التجارية التي دفعت السلطان أجود للمحافظة على استمرار تماسهم بالمنافذ البحرية التي تربطهم بتجارة المحيط الهندي.

وتجدر الإشارة إلى أن جيش السلطان أجود الذي قَدِم لقتال النبهاني كان يضمّ قوات من منطقة الجو (البريمي) والجوف (داخلية عمان) وقبيلة بني

---

(1) المطروشي، عناقيد ثقافية، ص97.

(2) صحار: وهي قصبة عمان أكثر مدن عمان عمارة ومالًا. الاصطخري، المسالك والممالك، ص25؛ ابن حوقل، أبو القاسم محمد بن حوقل البغدادي الموصلي (ت: بعد 367هـ/ 977م)، صورة الأرض، دار صادر - أفست ليدن(بيروت)، 1938 م، ج1، ص38. العزيزي، الحسن بن أحمد المهلبي (ت: 380هـ/ 990م)، المسالك والممالك، جمعة وعلّق عليه ووضع حواشيه: تيسير خلف، ص25.

(3) خورفكان: خليج صغير على ساحل خليج عمان تحيط به الجبال على شكل فكين. قامت حوله مدينة عرفت باسمه. موقع الإسلام، تعريف بالأعلام الواردة في البداية والنهاية لابن كثير، ص476. وتقع حاليًا شمال إمارة الفجيرة ولكنها تابعة لإمارة الشارقة. ابن بطوطة، أبو عبد الله محمد بن عبد الله بن محمد بن إبراهيم اللواتي الطنجي، (ت: 779هـ/ 1377م)، تحفة النظار في غرائب الأمصار وعجائب الأسفار المعروف برحلة ابن بطوطة، أكاديمية المملكة المغربية - الرباط، 1417 هـ، ج2، ص139 (تحقيقات المحقق).

الذي كانت اليمن خاضعة لسطوة ونفوذ الدولة الطاهرية [1] في جنوب وشرق اليمن والساحل الغربي، والإمامة الزيدية [2] شمال اليمن، بما نشأ عن ذلك من

---

(1) الدولة الطاهرية: هي الدولة الثانية التي حكمت اليمن خلال هذه المرحلة، ورثت مناطق نفوذ الدولة الرسولية، وهي معظم اليمن باستثناء مناطق الجبال الشمالية التي تنافس عليها الأئمة الزيديون. واستمر حكم هذه الدولة مدة قصير نسبيًا 858 - 923هـ/ 1454-1516م، واسم الدولة مشتق من (الشيخ طاهر بن معوّضة) الذي نُسبت الدولة إليه. والموطن الأصلي للطاهريين هو منطقة جُبَن من بلاد ردّاع في الجهات الشمالية الشرقية من اليمن. يُنظَر: ابن الديبع، وجيه الدين عبدالرحمن بن علي الشيباني (ت: 944هـ/ 1537م)، قرة العيون بأخبار اليمن الميمون، تحقيق: محمد بن علي الأكوع، بيروت، الطبعة : الثانية، 1409هـ/ 1988م.

(2) الزيدية: دولة وطائفة شيعية أسسها الهادي إلى الحق يحيى بن الحسين في سنة 284هـ/ 894م وجعل عاصمتها صعدة، وقد دخلت الدولة الزيدية في صراع مستمر مع القوى اليمنية التي حكمت اليمن عبر مراحل التاريخ الإسلامي، وكان نفوذها متأرجحًا بين الاتساع والانكماش، متأثرة في ذلك بأوضاعها الداخلية، وبمدى قوة وضعف القوى الأخرى. للمزيد من المعلومات عن الزيدية الدولة والطائفة يُنظَر: العلوي، علي بن محمد بن عبدالله (ت: نحو 310هـ/ 921م)، سيرة الهادي إلى الحق يحيى بن الحسين، تحقيق: سهيل زكار، دار الفكر - بيروت، الطبعة: الثانية، 1401هـ/ 1981م؛ الحسين بن أحمد بن يعقوب (ت: بعد 393هـ/ 1003م)، سيرة الإمام المنصور بالله القاسم بن علي العياني، تحقيق: عبدالله محمد الحبشي، دار الحكمة - صنعاء، الطبعة: الأولى، 1417هـ/ 1996م؛ ابن دعثم، أبو فراس الصنعاني(ت:614هـ/ 1217هـ)، السيرة المنصورية: سيرة الإمام المنصور بالله عبدالله بن حمزة، تحقيق: عبدالغني محمود عبد العاطي، دار الفكر المعاصر - بيروت، الطبعة : الأولى، 1414هـ/ 1993م؛ يحيى بن الحسين بن القاسم (ت:1100هـ/ 1688م)، إنباء أبناء الزمن في أخبار اليمن من سنة 280 - 322هـ، صححه ووضع حواشيه وقدَّم له: محمد عبدالله ماضي، مكتبة الثقافة الدينية - القاهرة؛ حسن خضري أحمد، قيام الدولة الزيدية في اليمن، مكتبة مدبولي - القاهرة، الطبعة: الأولى، 1996م؛ الأكوع، إسماعيل بن علي، الزيدية نشأتها ومعتقداتها، دار الفكر - دمشق/ دار الفكر - بيروت، الطبعة: الثالثة، 1418هـ/ 1996م؛ أيمن فؤاد سيد، تاريخ المذاهب الدينية في بلاد اليمن، الدار المصرية اللبنانية، - القاهرة الطبعة: الأولى، 1408هـ/ 1988م؛ علي محمد زيد، تيارات معتزلة اليمن في القرن السادس الهجري، المركز الفرنسي للدراسات اليمنية - صنعاء، الطبعة: الأولى، 1997م؛ الميسري، محمد عبدالله، الإمام المنصور بالله عبدالله بن حمزة ودوره في إحياء الدولة الزيدية في اليمن (593-614هـ)، رسالة ماجستير، جامعة عدن، عدن، 1426هـ/ 2005م.

نزاعات وصراعات بين الدولتين، فكانت فرصة لأجود بن زامل، كي يوسِّع مملكته في كل من ظفار وما جاورها[1].

وقد ذكر أحد البرتغاليين[2] أن المناطق الداخلية من عمان كانت تتبع حكم شيخ آل الجبر، الذي كان له أخوان آخران يقتسم معهما جميع البلاد الجبرية، ويحكم الأخ الأكبر البلاد الجبرية جميعها ويُقِرّ له أخواه بالملك والتبعية، وكان لهم السيادة على بلاد فرتك[3] وظفار وقلهات[4] ومسقط وتمتد حدوده لتصل إلى بلاد شيخ عدن.

---

(1) لمعلومات عن توسّعات السلطنة الجبرية في ظفار وعمان وغيرها من المناطق. يُنظَر. الخالدي، خالد بن عزام بن حمد، السلطنة الجبرية في نجد وشبه الجزيرة العربية، الدار العربية للموسوعات، 2010م.

(2) أفنسو دبوكيرك، السجل الكامل لأعمال أفنسو دبوكيرك، مج1، ص184.

(3) فَرتَك: سلسلة جبلية متداخلة من بلاد المهرة (محافظة المهرة من الجمهورية اليمنية)، وهو علم ملاحي وفنار مشهور منذ القدم. المقحفي، إبراهيم أحمد، معجم البلدان والقبائل اليمنية، دار الكلمة - صنعاء، 1422هـ/ 2002م، ج2، ص1209.

(4) قَلْهَاتُ: وهي مدينة بعمان على ساحل البحر إليها ترفأ أكثر سفن الهند، وهي فرضة تلك البلاد. ياقوت الحموي، معجم البلدان، ج4، ص393.

الفصل الرابع

التوسّع في قَطَر والبحرين والقَطِيف

تمهيد:

مما لاشك فيه أن عصر السلطان أجود يمثل عصر ازدهار وقوة واتساع السلطنة الجبرية ويبدو أن هذا السلطان كان يتمتع بمؤهلات ومزايا جيدة وكفاءات عالية حملت بعض معاصريه من المؤرخين على أن يُضفوا عليه أفضل النعوت.

وترجع الانتصارات التي حققها السلطان أجود إلى أسلوبه وسياسته في التعامل مع القوى المختلفة، وفي وضع الخطط المناسبة، حيث أظهر قدرة سياسية فائقة مكنته من القضاء على منافسيه.

استطاع استثمار الصراع المحيط بسلطنته من أجل توسيع نفوذه وزيادة موارده، فقد تدخل في الصراع السياسي الدائر في مملكة هرمز وعمان ليخرج بمكاسب كبيرة، نتج عنها ارتفاع شأنه سياسيًّا واقتصاديًّا وعسكريًّا في منطقة الخليج في الجزيرة العربية[1].

فقد استطاع السلطان أجود توحيد أجزاء كبيرة من شرقي جزيرة العرب سياسيًّا، وهذا الأمر تحتم عليه الدخول في صراع مع سلاطين هرمز الذين كانوا يُعدِّون أنفسهم أصحاب الحق الشرعي في حكم هذه المنطقة، فسعى كل من الطرفين إلى فرض نفوذه السياسي، لكن رجحان كفة السلطان أجود كانت واضحة، فقد استطاع تحجيم نفوذهم وحصرهم في معاقلهم ضيقة الحدود والمحدودة النفوذ.

---

(1) الحميدان، «مكانة السلطان أجود بن زامل الجبري في شبه الجزيرة العربية»، ص60.

المبحث الأول

إقليم قطر والبحرين والقطيف

1، قَطَر:

تتميز المنطقة الساحلية الشرقية لجزيرة العرب بالتمازج الاجتماعي، وبالترابط السياسي، وبالوحدة الاقتصادية وبالتجانس الجغرافي، لهذا فقد غلبت العمومية على هذه المنطقة، ومن صور هذه العمومية العمومية في التسمية، وهو أمر يُلحَظ بوضوح في كتب الجغرافيين والبلدانيين، فمثلًا نجد اسم كان يطلق على منطقة كبيرة تضم عددًا من الكيانات السياسية، وكذلك اسم البحرين الذي كانت تُسمَّى به المنطقة الساحلية الشرقية للجزيرة العربية.

وعلى الرغم من هذه العموميات العامة للمنطقة الا أن كتب الجغرافيين والبلدانيين أعطت مدلولات وخصائص لكل إقليم ميزته عن الأقاليم الأخرى داخل المنطقة العامة.

وعلى هذا فإن إقليم قطر مثله مثل غيره من أقاليم منطقة الساحل الشرقي لجزيرة العرب، فقد تميَّز عن غيره من الأقاليم بخصائص سياسية واجتماعية وجغرافية، فمن أقدم الجغرافيين في العصر الإسلامي الذي حدّد إقليم قطر ابن خرداذبة[1] المتوفى بحدود سنة 280هـ/ 892هـ، إذ أشار إلى أن قطر هي تلك المنطقة التي تقع بين منطقة العقير ومنطقة السبخة التي تقع بين عمان

(1) المسالك والممالك، ص60.

والبحرين؛ كما حدد الإدريسي[1] السبخة: «... ومن جلفار[2] وأنت نازل إلى البحرين تصير إلى مرسى السبخة وهو مرسى فيه عين نابعة عذبة ومنه إلى شقاب وبوار وبحر عويص صعب السلوك وتسمى هذه الأمكنة ببحر قطر وفي هذا البحر عدة جزائر... »

وهذا الأمر يؤكده البغدادي[3]، حيث يحدد قطر بأنها تقع بين عمان والعقير؛ وهو أمر يؤكده البكري[4]، فقد ذكر أن أول ما يواجه الساحل الشرقي لبلاد فارس والهند ما يعرف بجزر قطر؛ لذا حُددت البحرين في ساحل نجد بين ما يعرف اليوم قطر والكويت والعراق[5]، أما الهمداني[6] المتوفى في منتصف القرن الرابع/ العاشر الميلادي فيقول: «... ومن مياه ستار البحرين ثيتل والنباج[7] والنّباك ومكان فيه نخل كثير وماء يقال له قطر... ».

2. البحرين والقطيف:

اسم البحرين كان يطلق قديمًا على مناطق متعددة مثل: الأحساء والقطيف وأرخبيل جزر البحرين بالإضافة لبقية شرق الجزيرة العربية، وقد كانت العرب تسمي الساحل الشرقي للجزيرة العربية باسم «الخطّ»، وقد اشتهرت منه عدة

---

(1) نزهة المشتاق، ج1، ص162.

(2) سيتم التعريف بها فيما بعد.

(3) مراصد الاطلاع، ج3، ص1107.

(4) أبو عبيد عبد الله بن عبد العزيز بن محمد البكري الأندلسي (ت: 487هـ/ 1094م)، المسالك والممالك، دار العرب الإسلامي، 1992 م، ج1، ص200.

(5) الحربي، عاتق بن غيث بن زوير البلادي، الْمَعَالِم الْجُغْرَافِيَّة الْوَارِدَة فِي السِّيرَة النَّبَوِيَّة، (بدون معلومات)، ص27-28.

(6) الصفة، ص135.

(7) ثيتل والنباج: ماءان لبني سعد بن زيد مناة، ممّا يلي البحرين. البكري، معجم ما استعجم من أسماء البلاد والمواضع، ج4، ص1292.

مدن مثل: القطيف والعقير وقطر، لذلك فالبحرين اسم جامع لكل البلاد شرق الجزيرة العربية الذي يقع بين البصرة وعُمان [1].

وعلى هذا فإن بلاد البحرين أرض واسعة: «... بلاد واسعة شرقيها ساحل البحر، وجوفها متصل باليمامة، وشمالها متصل بالبصرة، وجنوبها متصل ببلاد عمان، وقاعدتها هجر[2]، وأهلها عبد القيس ومن بلاد البحرين الأحساء[3] والقطيف وبيشة[4] والزارة»[5].

---

(1) الهمداني، الصفة، ص168؛ ابن حوقل، صورة الأرض، ج1، ص25؛ ياقوت الحموي، معجم البلدان، ج2، ص378؛ القزنوي، زكريا بن محمد بن محمود القزويني (ت: 682هـ/ 1283م)، آثار البلاد وأخبار العباد، دار صادر - بيروت، ص77؛ الحميري، الروض المعطار، ص 220.

(2) هجر : كانت من أسواق العرب المشهورة، ومن أهم المدن التجارية في بلاد البحرين، وهي ميناء مهم تأتي إليها السفن التجارية من مختلف البلدان، وقد اشتهرت بتمورها الممتازة التي ذاع صيتها في الأمصار وأصبحت مضرب الأمثال. يُنظَر : ابن حبيب، محمد (ت 245هـ/ 859م)، المحبر، تحقيق: إيلزه ليختن شتيتر، دار الآفاق الجديدة - بيروت، ص265.

(3) كان اسمًا لسواحل نجد بين قطر والكويت، وكانت هجر قصبته، وهي الهفوف اليوم، وقد تسمى «الحسا» ثم أطلق على هذا الإقليم اسم الأحساء حتى نهاية العهد العثماني. شُرَّاب، محمد بن محمد حسن، المعالم الأثيرة في السنة والسيرة، دار القلم، الدار الشامية - دمشق/ بيروت، الطبعة: الأولى، 1411 هـ، ص44.

(4) الفَتَّنِي الكجراتي، جمال الدين، محمد طاهر بن علي الصديقي الهندي (ت: 986هـ/ 1578م)، مجمع بحار الأنوار في غرائب التنزيل ولطائف الأخبار، مطبعة مجلس دائرة المعارف العثمانية، الطبعة: الثالثة، 1387 هـ/ 1967م، ج1، ص238.

(5) الحِميرى، الروض المعطار، ص82. والزّأرَة: منطقة في بالبحرين معروفة بعين الزارة. الأزهري، أبو منصور محمد بن أحمد (ت:370هـ/ 981م)، تهذيب اللغة، تحقيق : محمد عوض مرعب، دار إحياء التراث العربي - بيروت، 2001م، ج13، ص165؛ كراع النمل، أبو الحسن علي بن الحسن الهُنائي الأزدي (ت: بعد 309هـ/ 922مـ)، المُنَجَّد في اللغة (أقدم معجم شامل للمشترك اللفظي)، تحقيق: أحمد مختار عمر، ضاحي عبد الباقي، عالم الكتب - القاهرة، الطبعة: الثانية، 1988م، 348؛ الخوارزمي، برهان الدين ناصر بن عبد السيد أبى المكارم بن علي، أبو الفتح المُطَرِّزِىّ (ت: 610هـ/ 1213مـ)، المغرب، دار الكتاب العربي، ص 205.

وقد عُرف هذا الخطّ بشهرة بعض مدنه بالصناعة، واشتهر عن هذا الإقليم صناعة الرماح، هو الذي تنسب إليه الرماح الخطِّيَّة وغيرها»[1].

وعلى هذا الأساس فإن هناك اتفاقًا بين البلدانيين العرب الأوائل على إطلاق اسم بلاد البحرين على هذه الرقعة، وهي بهذا الاتساع والامتداد تشمل في الوقت الحاضر دول شرق الجزيرة العربية كافة، ابتداء بالكويت وانتهاء بعمان الشمالي، فتاريخ بلاد البحرين هو في الواقع يشكل جزءًا رئيسيًا ومهمًا من تاريخ المنطقة الشرقية لجزيرة العرب.

إن هذا الاتساع والامتداد لبلاد البحرين وعدم وجود موانع طبيعية تفصلها عما يحيط بها ويجاورها، قد أدى إلى ارتباط تاريخها ارتباطًا عضويًا ووثيقًا بتلك المناطق عبر العصور المختلفة.

وهذه الحقيقة تستلزم من الباحث المدقِّق الذي يحاول التصدي لإماطة اللثام عن الغموض الذي يكتنف تاريخ شرق الجزيرة العربية خصوصًا وتاريخ الخليج العربي عمومًا أن لا يكتفي بمصادر وأحداث المنطقة وحدها، بل عليه أن يجول بناظريه نحو المناطق المجاورة ليستوعب أحداثها ويُنقّب في مصادرها الخاصة والعامة.

كما اعتبر المؤرخون والمصنفون العرب الأوائل أن منطقة البحرين بالمعنى الجغرافي المذكور، منطقة مستقلة من مناطق شبه الجزيرة العربية الخمس وهي :الحجاز، نجد، اليمن، عُمان، البحرين[2].

والبحرين كان اسمًا لسواحل نحد بين قطر والكويت، وكانت هجر قصبته، وهي الهفوف اليوم، وقد تسمى الحسا، ثَمَّ أطلق على هذا الإقليم اسم الأحساء حتى نهاية العهد العثَّماني، وانتقل اسم البحرين إلى جزيرة كبيرة تواجه هذا

(1) الحِميرى، الروض المعطار، ص82.

(2) يُنظَر على سبيل المثال: ابن المجاور، تاريخ المستبصر، ص16.

الساحل من الشرق كانت تسمى أوال[1]، وهي إمارة البحرين اليوم[2].

ثَمَّ تقلص اسم البحرين تدريجيًا حتى انحصر في الأرخبيل الذي يضم أوال والجزر المحيطة بها في العصور المتأخرة[3]، ويتكوَّن هذا الأرخبيل من ثلاث وثلاثين جزيرة وسط الخليج، وتبلغ مساحتها حوالي 265 ميلًا مربعًا، وتبعد عن الساحل الإيراني نحو (مائتين وخمسين ميلًا) وعن ساحل شبه الجزيرة العربية بثَمَّانية عشر ميلًا، وكان لها شأنٌ تجاريٌ كشأن سيراف[4] وهرمز وقيس[5] عبر التاريخ[6].

وأما القطيف فقد ظهرت كعاصمة لإقليم البحرين في وقت متأخر، وهي أعظم مدنها[7]، وكانت تميزت بالزراعة والمياه العذبة[8]، واستمر الحال كذلك

---

(1) أوال: جزيرة في بلاد البحرين بين اليمامة والبصرة وعمان. الحميري، الروض المعطار، ص63.

(2) شُرَّاب، المعالم الأثيرة في السنة والسيرة، ص44.

(3) ابن ماجد، الفوائد، ق69أ

(4) سِيرافُ: مدينة على ساحل بحر فارس كانت قديمًا فرضة الهند، وقيل: كانت قصبة كورة أردشير خرّه من أعمال فارس، والتجار يسمونها شيلاو. ياقوت الحموي، معجم البلدان، ج2، ص294.

(5) قَيْس: وتسمى كيش وكيس، وهي جزيرة تقع على ساحل عُمان في خليج العرب بالقرب من بلاد فارس. التطيلي، الرابي بنيامين بن الرابي يونة التطيلي النباري الإسباني اليهودي (ت: 569هـ/ 1173م)، رحلة بنيامين التطيلي، المجمع الثقافي - أبو ظبي، الطبعة: الأولى، 2002 م، ص338؛ ياقوت الحموي، معجم البلدان، ج4، ص 422؛ ابن الوردي، سراج الدين أبو حفص عمر بن المظفر بن الوردي البكري القرشي المعري ثم الحلبي (ت : 852هـ/ 1448م)، خريدة العجائب وفريدة الغرائب، تحقيق: أنور محمود زناتي، مكتبة الثقافة الإسلامية - القاهرة، الطبعة: الأولى، 1428 هـ - 2008 م، ص160.

(6) السليمان، علي بن إبراهيم، «الأحساء في فترة النفوذ البرتغالي»، اللقاء العلمي التاسع، الأحساء 29 27 صفر 1427هـ، ص1.

(7) ياقوت الحموي، معجم البلدان، ج2، ص378.

(8) الحميري، الروض المعطار، ص 220.

لمدة تاريخية، كما وصفت بأنها بلدة بناحية الأحساء، وتقع في الشمال الشرقي منها على شاطئ الخليج العربي وتأتيها السفن التجارية من مختلف البلدان[1].

(1) أبو الفداء، إسماعيل بن محمد (ت 732هـ/ 1332م)، تقويم البلدان، تحقيق: رينود ماك كوكين ديسلان، دار الطباعة السلطانية - باريس، 1840م، ص 99.

المبحث الثاني

الوضع السياسي في قطر والبحرين والقطيف قبل توسّع السلطنة الجبرية

1. قطر:

يعود تاريخ الاستيطان البشري في شبه الجزيرة القطرية إلى عصور متوغلة في التاريخ، فقد تم اكتشاف المستوطنات والأدوات التي تعود إلى العصر الحجري في شبه الجزيرة[1]، في القرن الخامس قبل الميلاد أشار المؤرخ اليوناني هيرودوس إلى قطر، كما أن عالم الجغرافيا بطليموس ضمن خريطته «خريطة العالم العربي «ما أسماه «قطارا»[2]وهي ما يعتقد أنها إشارة إلى بلدة «الزبارة» القطرية التي اكتسبت شهرتها كأحد أهم الموانئ التجارية في منطقة الخليج العربي في ذلك الوقت، كما تم اكتشاف القطع الأثرية في بلاد ما بين النهرين التي نشأت في فترة العبيد (6500-3800 قبل الميلاد) في المستوطنات الساحلية المهجورة[3]، فكانت الدعسة - وهي مستوطنة تقع على الساحل الغربي لقطر - أهم موقع لتلك المستوطنات[4].

---

(1) Toth, Anthony, "Qatar: Historical Background... Country Study: Qatar (Helen Chapin Metz, editor). مكتبة الكونغرس Federal Research Division (January 1993).

(2) جواد علي، «الخليج عند اليونان واللاتين»، مجلة المؤرخ العربي، ع12، بغداد، 1980، ص26-27.

(3) Khalifa, Haya Rice, Michael, Bahrain Through the Ages: The Archaeology. Routledge, 1986, p79, 215. ISBN 978-0710301123.

(4) History of Qatar, www. qatarembassy. or. th, Ministry of Foreign Affairs Qatar, London: Stacey International, 2000؛ Rice, Michael, Archaeology of the Persian Gulf. Routledge, 1994, p206, 232-233, ISBN 978-0415032681.

وفي العصر الجاهلي كان لقطر الدور الكبير في جميع المجالات، حيث برز عدد من الشخصيات القطرية، ومن الأمثلة على ذلك مازن بن مالك بن عمرو، من تميم: قاض جاهلي، كان من حكام الموسم في «عكاظ «وهو جد قطريّ بن الفجاءة[1]، وكذلك مالك بن عمرو بن تميم: من أجداد قطر المشاهير في الجاهلية وينسب إليه كثيرون ممن سطَّروا التاريخ[2].

واستمرت قطر تؤدي دورها السياسي والاقتصادي في العصور القديمة، حتى جاء الإسلام، فكانت من الأقاليم السباقة إلى الإسلام، ففي السنوات الأولى من الإسلام أخذ الرسول -صلى الله عليه وسلم- بدعوة قبائل جزيرة العرب في القرن السابع الميلادي، فقدم على رسول الله -صلى الله عليه وسلم- الجارود بن عمرو بن حنش بن المعلى أخو عبد القيس في وفد عبدالقيس، فعرض عليه -صلى الله عليه وسلم- الإسلام- ودعاه إليه ورغَّبه فيه فأعلن إسلامه، فكان الجارود حسن الإسلام صلبًا على دينه حتى هلك وقد أدرك الردة، فلما رجع بعض من قومه عن الإسلام إلى دينهم أقام الجارود فشهد شهادة الحق ودعا إلى الإسلام : «فقال يا أيها الناس إني أشهد أن لا إله إلا الله وأن محمدًا عبده ورسوله وأنهى من لم يشهد»[3]

كما كان لقطر السبق في مراسلاته - صلى الله عليه وسلم- فأول مبعوث له وهو العلاء الحضرمي إلى حاكم البحرين (الساحل الممتد من الكويت شمالًا وحتى قطر جنوبًا بما في ذلك الأحساء وجزر البحرين) المنذر بن

---

(1) الرركلي، حير الدين بن محمود بن محمد بن علي بن فارس الدمشقي، الأعلام، دار العلم للملايين، الطبعة : الخامسة عشر، 2002 م، ج5، ص255.

(2) الزركلي، الأعلام، ج5، ص264.

(3) ابن هشام، أبو محمد عبد الملك بن هشام بن أيوب الحميري المعافري (ت : 218هـ/ 833م)، السيرة النبوية، تحقيق: طه عبد الرؤوف سعد، دار الجيل - بيروت، الطبعة : الأولى، 1411هـ، ج5، ص270.

ساوى التميمي في سنة 628 م يدعوه فيها إلى الإسلام فاستجاب له وأعلن إسلامه، وتبعه في ذلك سكان قطر من العرب وكذلك بعض الفرس الذين كانوا يقطنون فيها[1].

وهكذا بدأ العصر الإسلامي في قطر في بداية ظهوره، فكانت نافذة الإسلام التي تُطلّ منها الجزيرة العربية على العالم الخارجي، والباب الذي يدخل منه العالم الخارجي إلى جزيرة العرب.

وفي عصر الأمويين أصبحت ذات شأن كبير في المجال الاقتصادي، حيث تعزَّز نمو التجارة في قطر، فكانت مركزًا لتربية الجمال والخيول، وكذلك مركزًا صناعيًّا، أما في العصر العباسي فقد كانت قطر مركزًا صناعيًّا ضم العديد من الصناعات، وقد تطورت صناعة اللؤلؤ في البحرين بما فيها قطر، لدرجة أنه ازداد الطلب على اللؤلؤ من الشرق وامتد ذلك إلى الصين.

كما كانت قطر حاضرة السلام في الإسلام يفد إليها الناس من كل الحواضر، واشتهرت كحاضرة اقتصادية، فكانت ترفد خزينة الخلافة الأموية والعباسية بالمال الوفير، وذلك لتعدد مصادر الاقتصاد القطري من موانئ ومصايف اللؤلؤ والصناعات المختلفة.

وفي صدر الإسلام وما تلاه تميزت قطر بتلوّن علومها وأشكالها، وفي أطياف رجالاتها، وتنوع عمرانها وثقافتها، وفي عمق وسعة تأثيرها، فكانت الحاضرة الإسلامية التي احتضنت العديد من الثقافات، فاشتهر عدد من الرجال من أهل قطر.

كما كانت قطر جزءًا من الكيانات السياسية التي قامت في إقليم البحرين

---

(1) يُنظَر: ابن كثير، الإمام أبي الفداء إسماعيل بن كثير (ت: 774 هـ/ 1372م) السيرة النبوية، تحقيق : مصطفى عبد الواحد، دار المعرفة للطباعة والنشر والتوزيع بيروت، ج4، ص90.

مثل الدولة العيونية [1] وكذلك الدولة العصفورية[2]، أو تلك الكيانات التي كانت لها علاقات سياسية أو اقتصادية بقطر.

ومهما يكن من أمر فقد اشتهر عدد من القطريين في كل مراحل التاريخ، فمن الذين اشتهروا من أهل قطر في عدد من المحطات التاريخية طيلة التاريخ الإسلامي، وإذا أردنا الاستدلال على ذلك سنذكر مُرِّيَّ بنَ قَطَرِيٍّ الذي عاش في القرن الأول من الهجرة/ السابع الميلادي، وهو من التابعين[3].

---

(1) في النصف الأخير من القرن الخامس الهجري/ الحادي عشر الميلادي، قامت دولة في بلاد البحرين، شرق الجزيرة العربية، عُرفت بالدولة العيونية؛ سُمّيت بهذا الاسم نسبة لمؤسسها الأمير عبد الله بن علي بن محمد بن إبراهيم العيوني، وقد قامت الدولة العيونية في منطقة البحرين التي تمتد من كاظمة شمال شرقي الجزيرة العربية (الكويت حاليًا) إلى بلاد العروض التي تشتمل على الأطراف الصحراوية المحاذية لقطر، وكانت مراكزها الرئيسية هي: هجر (الأحساء) وجزيرة أوال والقطيف، وقد سقطت على يدي العصفورين بحدود سنة 630هـ/ 1231م. لمعلومات أوفى يُنظَر: العماري، فضل بن عمار، ابن المقرب وتاريخ الإمارة العيونية في بلاد البحرين، مكتبة التوبة - الرياض؛ الشرعان، نايف بن عبد الله نقود الدولة العيونية في بلاد البحرين، مركز الملك فيصل للبحوث والدراسات الإسلامية - الرياض، 1423هـ/ 2002م؛ المديرس، عبد الرحمن، الدولة العيونية في بلاد البحرين، رسالة ماجستير غير منشورة، جامعة الملك سعود 1404هـ/ 1984م.

(2) أسست علي يد الأمير عصفور بن راشد بن عميرة العقيلي العامري في في منتصف القرن السابع الهجري/ الثالث عشر ميلادي، وذلك بعد قضائهم على الدولة العيونية، وقد امتد نفوذ دولة بني عصفور من سواحل عمان جنوبًا وحتى الكويت الحالية شمالًا، وضمّت أيضًا جزر البحرين وقطر وامتد نفوذها إلى شرق نجد، و كانت عاصمتهم في الأحساء. لمعلومات أوفى يُنظَر: أبو حاكمة، أحمد مصطفى، «صفحات مطوية من تاريخ الخليج والجزيرة العربية»، مجلة الدوحة 1976م، ص 80-81؛ الحميدان، عبداللطيف بن ناصر، «الدولة العصفورية ودورها السياسي في تاريخ شرق الجزيرة العربية»، مجلة الوثيقة ع3، السنة2، 1983م، ص 26-77.

(3) الفيروز آبادي، العلامة مجد الدين محمد بن يعقوب (ت: 817هـ/ 1414م)، القاموس المحيط، تحقيق: مكتب تحقيق التراث في مؤسسة الرسالة، إشراف: محمد نعيم العرقسُوسي، مؤسسة الرسالة للطباعة والنشر والتوزيع - بيروت، الطبعة: الثامنة، 1426 هـ/ 2005 م، ج1، ص60.

ومن مشاهير أهل قطر أيضًا قطري (أبو نعامة) بن الفجاءة (واسمه جعونة) بن مازن بن يزيد الكناني المازني التميمي: من أهل «قطر، كان خطيبًا فارسًا شاعرًا استفحل أمره في زمن مصعب بن الزبير، لما ولي العراق نيابة عن أخيه عبد الله، وبقي قطري ثلاث عشرة سنة يقاتل ويسلم عليه بالخلافة وإمارة المؤمنين، وكان الحجّاج بن يوسف يُسيِّر إليه جيشًا بعد جيش، وهو يردّهم ويُظهر عليهم، وكانت كنيته في الحرب أبا نعامة (ونعامة فرسه) وفي السّلم أبا محمد، وصُف أنه : «كان طامة كبرى وصاعقة من صواعق الدنيا في الشجاعة والقوة وله مع المهالبة وقائع مدهشة، وكان عربيًا فصيحًا مفوّهًا وسيدًا عزيزًا، وشعره في الحماسة كثير»، وهو صاحب الأبيات المشهورة التي أولها:

«أقول لها وقد طارت شعاعًا   من الأبطال ويحك لا تراعي»

واختلف المؤرخون في مقتله، فقيل: عثُر به فرسه، فاندقت فخذه، فمات، وجيءَ برأسه إلى الحجّاج، وقيل: توجَّه إليه سفيان بن الأبرد الكلبي، فقاتله وقُتل في المعركة في سنة78 هـ/ 697 م [1].

ومن الذين كانت لهم أدوار كثيرة في التاريخ مالك بن الريب بن حوط بن قرط المازني التميمي، وهو شاعر من الشعراء والظرفاء الأدباء، وفتَّاك في الحروب، وقد اشتهر في أوائل العصر الأموي، فمن شعره قصيدة يرثي بها نفسه، وهو يجود بها، يذكر ما يقال بعده، ويتعجب من قولهم : «لا تبعد» :

يقولون لا تبعَدْ وهم يدفنوني   وأين مكانُ البعد إلاَّ مكانيا

(1) لمعلومات أوفى يُنظَر: ابن خلكان، أبو العباس شمس الدين أحمد بن محمد بن أبي بكر (ت:681هـ/ 1282م)، وفيات الأعيان وأنباء أبناء الزمان، تحقيق : إحسان عباس، دار صادر- بيروت الطبعة: الأولى، ج4، ص93؛ الذهبي، الامام شمس الدين محمد بن أحمد بن عثمان (ت: 748 هـ/ 1374م)، سير أعلام النبلاء، تحقيق: شعيب الارنؤوط، مؤسسة الرسالة، ج4، ص151؛ الزركلي، الأعلام، ج5، ص200.

قال هذه القصيدة عندما كان غازيًا في جيش سعيد بن عثمان بن عفان لخرسان، توفى سنة 60 هـ/ 680 م[1].

وينبغي الإشارة إلى أن تاريخ قطر منذ مطلع العصر الإسلامي وحتى أواسط القرن الثامن الهجري/ الرابع عشر ميلادي كان جزءًا من تاريخ المنطقة الشرقية من منطقة الجزيرة العربية مثلها مثل عدد من الأقاليم، وترتب على ذلك أن قطر - بل وبقية إمارات الخليج العربي - لم يكن لها تاريخ مستقل كوحدة سياسية خاصة.

ورغم ما تميّزت به قطر من مميزات جغرافية فهي ضمن الكيان الجغرافي العام للمنطقة الشرقية للجزيرة العربية الذي يمتدّ من البصرة شمالًا حتى عمان جنوبًا، وقد كان يطلق على هذا الإقليم اسم بلاد البحرين لمدة طويلة من الزمن.

وفضلًا عن ذلك فقد كانت قطر تشكل جزءًا متكاملًا من الكيان السياسي القائم حولها لمدة طويلة في التاريخ الإسلامي العام، فقد ظلت قطر والمنطقة كلها تتبع عاصمة الخلافة الإسلامية؛ سواء في الحجاز أو في الشام أو بغداد.

وبعد سقوط الخلافة العباسية في بغداد سنة 656هـ/ 1258م، تعرَّضت قطر مثلها مثل غيرها من حواضر الديار الإسلامية عامة والجزيرة العربية خاصة، حيث مرَّت هذه الحواضر بعدد من المحطات التاريخية التي لا يسعنا المجال لذكرها في هذا الموضع، واستمرت قطر تمرّ بمتغيرات سياسية حتى النصف الأول من القرن التاسع الهجري/ الخامس عشر ميلادي لتدخل مرحلة جديدة مع بقية المنطقة الشرقية للجزيرة العربية وهي مرحلة الانضمام تحت حكم السلطنة الجبرية.

---

(1) يُنظَر: مجموعة من الباحثين، آثار الشّيخ العَلّامَة عَبْد الرّحمن بْن يحْيَي المُعَلّمِيّ اليَماني، دار عالم الفوائد للنشر والتوزيع، الطبعة: الأولى، 1434 هـ، ج8، ص173؛ الزركلي، الأعلام، ج5، ص261.

2. البحرين والقطيف:

لقد كانت القطيف وجزر البحرين منذ بداية النصف الثاني من القرن الثامن الهجري/ الرابع عشر ميلادي تدينان بالتبعية لمملكة هرمز العربية، حيث عملت مملكة هرمز على بسط نفوذها على هذه البلاد وفوضت الحكم فيها لأمراء عرب يدينون بالولاء والطاعة لملك هرمز، كما كانت البحرين أيضًا تحكم من قبل حكّام يُعيّنون من قبل ملوك هرمز، واحتفظت مملكة هرمز بالسيادة الاسمية واحتفظ ملوكها بألقابهم التي تَنِمّ عن تبعية تلك البلاد لهم.

ومن الشواهد التاريخية التي تدلّ على ذلك أن فَيْرُوز شاه قطب الدّين بن تهمتم بن جردن شاه بن طغلق بن طبق شاه الذي حكم من سنة 802هـ/ 1399م حتى سنة 820هـ/ 1417م كان يُلقّب بملك هرمز والبحرين والأحساء والقطيف، كما أن سيف الدين مهار بن قطب الدين الذي حكم من سنة 820هـ/ 1417م حتى سنة 839هـ/ 1435م، قد وُصف بأنه صاحب هرمز والبحرين، وبأنه كان يبعث بالحكام من قبله إلى كل من القطيف والبحرين[1].

مما سبق يتّضح الآتي:

1- كان لمملكة هرمز السلطة الاسمية الرمزية.

2- تدين منطقة الأحساء والقطيف والبحرين في مطلع القرن التاسع الهجري/ الخامس عشر الميلادي بالتبعية الشكلية لمملكة هرمز، وهذا كان مع بداية ظهور السلطنة الجبرية في عهد سلطانها الأول السلطان زامل.

3- في العقد الثالث من القرن التاسع الهجري/ الخامس عشر الميلادي يبدو أن مملكة هرمز فقدت سيطرتها على الأحساء، بدليل أن ملك

---

(1) السخاوي، الضوء اللامع، ج6، ص173.

هرمز سيف الدين مهار الذي حكم حتى سنة 839هـ/ 1435م قد وصف بأنه صاحب هرمز والبحرين؛ وهذا إن دلّ على شيء فإنما يدلّ على أن مناطق في الأحساء كانت تدين بالتبعية لمملكة هرمز عند قيام دولة بني جبر في حدود سنة 820هـ/ 1417م، ويبدو أنهم استطاعوا أن ينتزعوها من مملكة هرمز قبل سنة 839هـ/ 1435م، وهذا ما يفسر قيام السلطنة الجبرية في سنة 820هـ/ 1417م.

ومهما يكن من أمر فيبدو أن قوة نفوذ ملوك هرمز وهيبتهم غلبت عليها مظاهر الضعف والاضطراب السياسي منذ نهاية النصف الأول من القرن التاسع الهجري/ الخامس عشر ميلادي بسبب الصراع بين أفراد الأسرة الحاكمة فيها هذا من جهة، كما أن ظهور الجبريين كقوة لا يستهان بها في الجزيرة العربية له قوة الأثر في إرباك مملكة هرمز من جهة أخرى.

هذا التحول السياسي شجع العرب على طول الشريط الساحلي الشرقي لجزيرة العرب للتحرك بهدف التحرر من التبعية لمملكة هرمز، وقد وصل هذا التوجه إلى ذروته في عهد السلطان أجود الذي كان معتزًّا بعروبته وغيرته على بلاد العرب، وحزنه الشديد على تفكك هذه البلاد، لذا وضع هذا السلطان نُصْب عينيه، أول أهدافه السياسية تخليص أراضي الساحل الشرقي للجزيرة العربية من التبعية لمملكة هرمز.

المبحث الثالث

التوسّع في قطر والقطيف والبحرين

1. التوسّع في قطر:

اشتهرت قطر في مجال التجارة العالمية منذ القدم، وذلك بحكم موقعها الاستراتيجي المهم الذي يقع في قلب خطوط المواصلات الدولية، فهي تطل على أهم البحار التجارية التي أكسبتها موقعًا تجاريًا مرموقًا، وجعلت منها محطة عبور للتجارة العالمية، فقصدتها السفن التجارية من مختلف البلدان والأقاليم، ولعبت دورًا مهمًا في حركة النقل التجاري، وازدهار التجارة العالمية.

وترجع شهرة قطر في عالم التجارة إلى عصور قديمة، فقد كانت قطر سوقًا وميناءً لكبار التجار الذين كانوا يقصدونها في رحلات، وكذلك كانت مركزًا لتبادل السلع الإفريقية والهندية والمصرية، ومكانًا تبحر منه السفن إلى الهند.

وظلت قطر محتفظة بمكانتها هذه، بل تحولت بعد الإسلام إلى مخزن ومستودع ضخم للبضائع القادمة من أنحاء شتى بعد أن جعلها التجار الممر الرئيس لهم.

هذه الأهمية جعلت منها محطّ أنظار القوى السياسية التي حكمت المنطقة الشرقية للجزيرة العربية، ومن تلك القوى السلطنة الجبرية التي أولتها عناية خاصة.

أما توسُّع السلطنة الجبرية في قطر فهو أمر صمتت عنه المصادر التي تم الوقوف عليها؛ ذلك أن المرحلة الأولى من حكم هذه السلطنة ما زال مبهمًا في الكثير من جوانبه.

ومع هذا فإن هناك إشارة تدل على توسّع السلطنة الجبرية في قطر، فقد ذُكر أن السلطان أجود بن زامل في سنة 880هـ/ 1475م استخدم سلوى[1] وشبه جزيرة قطر التي حكمها ولده زامل - نيابة عن والده - مركزًا انطلقت منها القوات إلى مملكة هرمز لمساعدة سلغور لاستعادة عرشه، وكانت هذه الجيوش بقيادة زامل بن أجود أيضًا[2].

يتّضح مما سبق أن قطر قد شملها توسّع السلطنة الجبرية منذ وقت مبكر قبل عدد من الأقاليم مثل البحرين وعمان، حيث إنه لم تأتِ سنة 880 هـ/ 1475م إلّا والأمر مستتب لبني جبر فيها، كما كانت تمثل لهم قاعدة عسكرية مهمة ومنطقة عسكرية لتجميع الجيوش.

وعلاوة على ذلك فقد أولى السلطان أجود بن زامل قطر أهمية كبيرة، فقد جعل منها إقليمـًا مستقلًا وله إدارته الخاصة به، وأوكل مهمة إدارة هذا الإقليم إلى ابنه زامل.

2. التوسّع في القطيف والبحرين:

لا تمدنا المصادر التي بين أيدينا بمعلومات قطعية تحدّد تاريخ قيام السلطنة الجبرية في بلاد البحرين، إلا أن أحد الباحثين[3] رجّح أن بني جبر مدّوا سلطتهم على القطيف وسائر بلاد البحرين في حدود سنة 843هـ/ 1439م.

لكن توسُّع السلطان أجود في القطيف والبحرين في هذا التاريخ غير صحيح، وقد ناقشنا هذا الموضوع في التمهيد، لذا فيبدو أن في هذا التاريخ

(1) سلوى: مدينة مواجهة للبحرين. حسنين، تاريخ مملكة هرمز، ص41.

(2) خوري، إبراهيم، وأحمد جلال التدمري، سلطنة هرمز العربية: سيطرة سلطنة هرمز العربية على الخليج العربي، مركز الدراسات والوثائق - راس الخيمة الطبعة: الأولى، 1420هـ/ 1999م، مج2، ص156.

(3) الحميدان، «التاريخ السياسي لإمارة الجبُّور في نجد وشرق الجزيرة العربية»، ص 44.

هو توسُّع بسيط في بعض مناطق القطيف، كما رأينا أنه ربما أن التوسّع كان في شبه جزيرة قطر.

أما التوسُّع الفعلي في القطيف والبحرين كان في سنة 880هـ/ 1475م، وذلك عندما تنازل الملك سلغور[1] عنهما للسلطان أجود بن زامل.

كان السلطان أجود شخصية سياسية مصبوغة بصبغة دبلوماسية بحتة، حيث كان يتجنب الصدام العسكري المباشر؛ وهذا ليس عن ضعف وإنما عن حنكة ودهاء سياسي، فهو يرى -كما أحسب- أن الدبلوماسية السياسية أكثر جدوى من الصدام العسكري، وأن الدبلوماسية أكثر نفعًا في تحقيق الأهداف بأقل وقت وجهد وخسائر، لهذا فقد كان لدبلوماسيته دور كبير في رسم الخط العام للعلاقات الخارجية للسلطنة الجبرية في عهده.

على كل حال ظل السلطان أجود يترقّب الفرصة السانحة لتخليص أراضي الساحل الشرقي للجزيرة العربية من التبعية لمملكة هرمز وخصوصًا القطيف والبحرين اللتين كانت لهما أهمية اقتصادية، وقد أصبحت الظروف مواتية للسلطان أجود للتدخل، وذلك عندما وصلت الصراعات داخل الأسرة الحاكمة في مملكة هرمز ذروتها[2] سنة 877هـ/ 1473م، حيث تم تولية حكم

(1) هو سلغور بن توران شاه، وقد كان حاكم قلقهات من قبل والده، وزوجه بابنة سليمان بن سليمان النبهاني، وظل حاكمًا في قلقهات إلى أن توفّي والده سنة 875هـ/ 1470م، وخلفه ابنه مقصود - أخ سلغور-، ولكن مقصودًا مكث ستة أشهر وتم عزله وتولية الأخ الأصغر مير شاه أويس، وهو الأمر الذي أثار سلغور، وطلب مساعدة السلطان أجود مقابل التنازل له عن القطيف والبحرين، ونجح سلغور في استعادة عرش هرمز سنة 880هـ/ 1475م، وظل في سدة الحكم حتى وفاته سنة 911هـ/ 1505م. يُنظَر: حسنين، تاريخ مملكة هرمز، ص40-41.

(2) لقد بدأت الصراعات داخل الأسرة الحاكمة بمملكة هرمز منذ سنة 820هـ/ 1435م، حيث قام سيف الدين مهار بالتمرد على أبيه تهمتن الثالث فيروز وأرغمه على التنازل عن العرش. فولّد هذا التغيير توترًا واسعًا في مملكة هرمز. ويبدو أن هذا الوضع المتوتر كانت له انعكاسات في بلاد البحرين التي كانت تخضع لهرمز، وقد تطوّر الصراع داخل الأسرة الحاكمة بمملكة هرمز =

الدولة أخا سلغور الأصغر شاه ويس الدين من قبل رجال الدولة؛ وهو الأمر الذي دفع سلغور التوجه إلى الأحساء طالبًا المساعدة من السلطان أجود بن زامل؛ بعد أن خذله والد زوجته سليمان النبهاني، حاكم عُمان الداخل[1].

وهكذا استثمَر السلطان أجود هذه الفرصة للتدخل وإملاء الشروط، حيث تمخَّض اللقاء عن موافقة السلطان أجود على مساعدة سلغور، شريطة أن يتنازل الأخير له عن كافة حقوقه وادعاءاته في القطيف وجزر البحرين، وأن تعود ملكيتها لسلطنة الجبُّور، وقد ذكر ابن ماجد[2]ذلك بقوله: «... وهي [البحرين] في تاريخ الكتاب لأجود بن زامل بن حصين العامري أعطاه لها هي والقطيف السلطان سرغر[سلغور] بن تورنشاه أن يقوم بنصرته على إخوته ويملكه جزيرة جرون[3] هرمز المتقدم ذكرها وكتب بها عليه حجّجا واستثنى بعض بساتينها»، فلم يكن أمام سلغور غير الموافقة على هذه الشروط.

وبعد اقتناع الطرفين بشروط هذا الاتفاق سارع السلطان أجود بن زامل في سنة 880هـ/ 1475م لتنفيذه فحشد قواته في جلفار[4] بقيادة ولده زامل -

---

= في سنة 843هـ/ 1439م فصار ينذر بخطر الانهيار. يُنظَر: حسنين، تاريخ مملكة هرمز، ص36 - 39. ويبدو أن هذا الأمر هو الذي ساعد على قيام السلطنة الجبرية سنة 820هـ/ 1417م في بوادي الأحساء والتوسّع سنة 843هـ/ 1439م في القطيف أو قطر. يُنظَر: التمهيد.

(1) حسنين، تاريخ مملكة هرمز، ص41.

(2) الفوائد، ق70أ.

(3) جَرَون : وهي مدينة هرمز الجديدة، وهي مدينة حسنة كبيرة لها أسواق حافلة، وتُعَدّ مرسى الهند والسند، ومنها تحمل سلع الهند إلى العراقين، وفارس وخراسان. ابن بطوطة، الرحلة، ج2، ص140.

(4) جُلْفارُ: وهي بلد بِنواحي عُمانَ. ياقوت الحموي، معجم البلدان، ج2، ص154؛ الفيروز آبادي، القاموس المحيط، ج1، ص367؛ مرتضى الزَّبيدي، أبو الفيض محمّد بن محمّد بن عبد الرزّاق الحسيني (ت: 1205هـ/ 1790م)، تاج العروس من جواهر القاموس تحقيق : مجموعة من المحققين، دار الهداية، ج10، ص456. وتُسمَّى أيضًا جرفار. البغدادي، مراصد الاطلاع، ج1، ص154. وهي تعرف بـ: «رأس الخيمة» حاليًا. مجموعة من المؤلفين، الموسوعة العربية =

الذي كان يحكم ميناء سلوى وشبه جزيرة قطر نيابة عن والده - وانطلقت هذه القوات على ظهر سفن إلى جزيرة جيرون (هرمز الجديدة) يرافقها سلغور، وتمكَّنت هذه القوات من النصر والقبض على شاه ويس ووزيره، وتنصيب سلغور ملكًا على هرمز[1].

وما كان من سلغور إلا أن ينفذ الاتفاق، وهكذا استطاع السلطان أجود من السيطرة الكاملة على القطيف وجزر البحرين، رغم محاولات مملكة هرمز لاستعادتها فيما بعد.

ومهما يكن من أمر فقد أظهر السلطان أجود حنكة سياسية ودهاء دبلوماسيًّا في هذا الاتفاق حيث تمكن من انتزاع سك الاعتراف رسميًا بخاتم الملك الهرمزي، لتنتهي بذلك كل حقوق الهرامزة في هذين الإقليمين[2].

ومن المرجَّح أن هذه الخطوة الجريئة التي أقدم عليها السلطان أجود لم تكن لاطمئنانه من تمكُّن نفوذه على الجزيرة والخليج فحسب، بل أيضًا نتيجة إدراكه ومعرفته لضعف مملكة هرمز وعدم قدرتها على إرسال جيش لاستعادتها منه، لاسيما أنه كان يعلم بكل ما يدور من خلاف داخل البيت الهرمزي.

كما قضى الاتفاق تنازل سلغور عن جزيرة جرون، وهذا شكَّل نصرًا اقتصاديًا، حيث كانت هذه الجزيرة ذات أهمية، فهي بمثابة المفتاح الذي يفتح ويغلق مضيق هرمز.

= العالمية، عمل موسوعي ضخم اعتمد في بعض أجزائه على النسخة الدولية من دائرة المعارف العالمية World Book International. ومترجم، ومحرر، ومراجع علمي ولغوي، ومخرج فني، ومستشار، ومؤسسة من جميع البلاد العربية، ص 14.

(1) خوري، سلطنة هرمز العربية، مج 2، ص156.

(2) السليمان، الغزو البرتغالي، ص127.

وإذا كان السلطان أجود قد نجح في سلخ المنطقة الشرقية لشبه جزيرة العرب عن التبعية لمملكة هرمز حتى استسلمت لهذا الأمر كواقع لا مفرّ منه، فإن استعادة سلغور للعرش وترتيب أوضاعه شكل مرحلة جديدة، فأخذ يترقَّب الفرصة لاستعادة هذه المناطق، وفرض نفوذه عليها.

وهكذا ندم على ما تنازل به، فقرّر التنصل من الاتفاق الذي عقدة مع السلطان أجود، وهذا بالفعل ما حصل.

ومع أن المصادر لم تُشِر إلى السبب الذي جعل سلغور يتنصَّل من الاتفاق الذي عقده من السلطان أجود، إلا أننا نستطع أن نستنتج من خلال دراسة الوضع العام في تلك المدة عددًا من الأسباب، ويأتي في مقدمة هذه الأسباب الآتي:

1- فقدان خزانة مملكة هرمز لمورد مالي مهمّ كانت تدُّرهُ عليها المناطق التي تنازل عنها سلغور للسلطان أجود، حيث كانت هذه المناطق ذات أهمية اقتصادية، وهذا الرأي هو ما ذهب إليه المستشرق الفرنسي أوبين[1].

2- بعد تسلُّم السلطان أجود مناطق الاتفاق من سلغور، أصبح ذا قوة، وزادت موارد خزينته من هذه المناطق الغنية، وهو أمر جعله يتطلع لتوسيع سلطنته، ولعل ما يؤكد ذلك ما ذكره أحد الباحثين[2] أنه بعد تنازل سلغور عن مناطق البحرين لبني جبر لم يكتفوا بذلك، بل مدوا نفوذهم وسيطروا على بعض مناطق نجد.

ويبدو أن هذا التوسّع أثار مخاوف الملك سلغور، وأيقن أن طموح السلطان أجود سوف يقضي على نفوذه في منطقة الساحل الشرقي للجزيرة العربية، وهو أمر سيؤدي إلى حرمان مملكة هرمز من موارد اقتصادية كبيرة.

---

(1) حسنين، تاريخ مملكة هرمز، ص 42.

(2) جمال زكريا، تاريخ الخليج، ص58.

3- تمتّع السلطان أجود بشهرة واسعة فقد أصبح صاحب مكانة كبيرة، وذاع صيته بين الممالك والدول، وصار له من التقدير والاحترام عند الشيوخ والملوك، هذا الأمر - بدون شك- أزعج سلغور؛ لذا فكّر من تقليص نفوذه من خلال التراجع عن الاتفاق.

4- تلقُّب أجود بلقب سلطان البحرين والقطيف والأحساء، وكذلك رئيس أهل نجد، حمل في نفس سلغور- كما أحسب- شيئًا من النقص؛ لأن هذه ألقاب كان ملوك هرمز يحملونها ويفخرون بها.

المبحث الرابع
محاولة سلغور استعادة البحرين

عندما أدرك سلغور ما فاته من موارد اقتصادية من القطيف والبحرين حاول التنصُّل من الاتفاق، ودخل في صراع مع السلطان أجود، فأرسل عدة حملات بحرية إلى القطيف والبحرين لاستعادتها، إلا أن جيش السلطان أجود تصدّى بعنف وبسالة لهذه الحملات وأحبطها مستفيدًا من التفوق البري في المعارك[1].

ويبدو أن الحملات التي باءت بالفشل، وعادت تجرّ أذيال الهزيمة؛ بسبب استماتة جيش السلطان أجود في الدفاع، دفع سلغور إلى الدخول في مفاوضات مع السلطان أجود؛ لحفظ ماء وجهه، والتخلص من الموقف المحرج الذي أقحم نفسه فيه.

ومما تجدر الإشارة إليه بهذا الصدد ما ذكره المستشرق الفرنسي أوبين[2] فقد اعتقد - أو كما قال: يُقال - بأن الحملة التي قادها سلغور وابنه تورنشاه سنة 890هـ/ 1485م نجحت في الدخول والسيطرة على البحرين، ثمّ يذكر بعد ذلك أن النزاع بين الطرفين قد تم تسويته عن طريق اتفاق بينهما، ونص هذا الاتفاق بقاء القطيف والبحرين تحت يد بني جبر، على أن يقوم بنو جبر بدفع

---

(1) الحميدان، «التاريخ السياسي لإمارة الجبُّور في نجد وشرق الجزيرة في العربية»، ص51.

(2) حسنين، تاريخ مملكة هرمز، ص 42.

مبالغ سنوية من واردات هذه البلاد، ثُمّ يذكر أن هذا الاتفاق ظلّ محترمًا من قبل الطرفين ولسنوات طويلة لاحقة.

وعند تحليل ما ذكره أوبين نجد أنه لم يُصِب كبد الحقيقة، إذ إن روايته فيها تناقض ويكتنفها الغموض واللبس، ولعل من أهم ما يؤخذ عليها المآخذ الآتية:

1- لم يعتمد على دليل قاطع في دخول سلغور البحرين، ولعل ما يؤكد ذلك أنه ذكر بأنه يُقال إن سلغور احتل البحرين، ولفظ يُقال لا يعتمد على مصدره.

2- إذا افترضنا أن سلغور احتلّ البحرين وسيطر عليها فهل من المعقول أن يتنازل عنها للسلطان أجود، ويعقد معه اتفاقًا.

3- يؤكد ابن ماجد أن البحرين كانت تابعة للسلطان أجود[1]، فقد كان معاصرًا لتلك الأحداث.

وعلى هذا الأساس فنحن نؤيِّد القسم الثاني من رواية أوبين، وهو عقد اتفاق بين الطرفين، وقد توصّلا إلى هذا الاتفاق بعد فشل الحسم العسكري.

ومهما يكن من أمر فإن النزاع بين الطرفين قد تمّ تسويته بطريقة سلمية عن طريق اتفاقية بينهما، وهذا إن دلّ على شيء فإنما يدلّ على عدم تمكن سلغور من احتلال البحرين.

وقد نص الاتفاق على الآتي[2]:

1- تكون جزيرة البحرين تحت إدارة الجبُّور.

---

(1) الفوائد، ق 69أ.

(2) الحميدان، «التاريخ السياسي لإمارة الجبُّور في نجد وشرق الجزيرة في العربية»، ص51.

2- يعترف الجبُّور بتبعية هذه الجزر لمملكة هرمز.

3- يقوم الجبُّور بموجب حقوق التبعية بدفع مبالغ سنوية (مقررات) من واردات هذه الجزر.

لكن السؤال الذي يبرز أمامنا هو: ما هي الأسباب التي دفعت الطرفين للاتفاق والمصالحة؟.

مما لا شك فيه أن السلطنة الجبرية ومملكة هرمز كانتا تمران باضطرابات، فبعد فشل الحسم العسكري من خلال الحملات المتتالية التي تم إرسالها من قبل سلغور رأى عدم جدوى استمرار الحملات هذا من جهة، وفي المقابل أصاب الإنهاك بني جبر من التصدِّي للحملات المتتالية لمملكة هرمز من جهة أخرى، فجاء الصلح بين الطرفين كنتيجة حتمية، كي يتفرَّغ كل طرف لمواجهة الأخطار الأخرى التي تُحْدِق به.

وعند دراسة الأوضاع السياسية للسلطنة الجبرية ومملكة هرمز في المدة التي تمّ فيها إرسال الحملات من قبل مملكة هرمز وتصدّي السلطان أجود لها، نجد أن السلطان أجود كان يقوم بحملات تأديبية ضد بعض القبائل المتمردة في إقليم نجد التي أكثرت الغارات على بوادي الأحساء[1].

كما أنه في تلك السنة كانت مملكة هرمز تعاني تهديدًا شديدًا من أطماع صوفي خليل بك موصوللو رجل دولة آق قوينلو[2] القوي ولم تستطع هرمز أن تتخلص من هذا الكابوس الا عندما ابتعد خطره عنها في سنه 891هـ/ 1486م.

وبناءً على ما ذكر أن سنة 890هـ/ 1485م هي السنة التي تمّ فيها عقد الاتفاق بين الطرفين- وليس احتلال البحرين-، وانصرافهما لمواجهة الأخطار التي

---

(1) ابن بسّام، تحفة المشتاق، ص52.

(2) تمّ التعريف بها في التمهيد.

تواجهما، لهذا كان الاتفاق ضرورة حتمية فرضته عليهما الظروف السياسية للجانبين.

وممّا لا شك فيه أن النزاع المسلح الذي حدث بين السلطان أجود وسلغور حول البحرين كان يدور أساسًا حول رفض أجود أن يدفع لمملكة هرمز أية مبالغ من واردات البحرين، ولم تكن الخلافات بينهما قائمة على أساس شرعية الوجود السياسي للسلطنة الجبرية فيها؛ لأن مملكة هرمز اعتادت على تعيين حكام عرب في البحرين وغيرها مقابل الاعتراف بالتبعية ودفع مبالغ من إيرادات البلاد، ويبدو أن السلطان أجود رفض هذا الأمر، وتَمسّك بالاتفاق الذي نصّ على تنازل هرمز عن أيّ ادعاء لها بحقوقها في البحرين.

ومع أن الاتفاق قضى بتسليم السلطان أجود مبالغ مالية لمملكة هرمز، لكن على ما يبدو أنها مبالغ مالية بسيطة، اقتنع بها السلطان أجود، لأنه رأى أنها - كما أحسب- لم تكلّفه أيّ خسائر فادحة.

وبالرغم من أن مملكة هرمز لم تكن مرتاحة كل الارتياح لهذه الاتفاقية الجديدة؛ لأنها تعكس عجزها وقوة السلطنة الجبرية، إلا أنها ظلت سارية المفعول[1]، ولم تمضِ مدة على هذا الاتفاق حتى أضحت موانئ عمان - وهي أجزاء من مملكة هرمز- تحت رحمة السلطنة الجبرية، حيث بدأت قوّات السلطان أجود بالزحف على عمان الداخل الأمر الذي أثار بالتأكيد مخاوف شديدة لدى الهرمزيين، يُضاف إلى كل ذلك أن السلطنة الجبرية لم تكن بالتأكيد تدفع المبالغ المقرّرة عليها لهرمز أو على الأقلّ تتملّص منها في بعض الأحيان[2].

---

(1) السلمان، الغزو البرتغالي، ص129.

(2) الحميدان، «التاريخ السياسي لإمارة الجبُور في نجد وشرق الجزيرة في العربية»، ص52.

الخاتمة

وفي خاتمة البحث أوجز أهم الحقائق والاستنتاجات التي تم التوصل إليها في الآتي:

1- كان استيلاء الجبريين على الأحساء في حدود عام 820 هـ/ 1417م، ثَمَّ ما لبثوا أن مدوا سلطتهم على القطيف وسائر بلاد البحرين في حدود سنة 843 هـ/ 1439م.

2- أول أمراء السلطنة الجبرية الذي ذكرته المصادر صراحةً هو السلطان زامل بن حسين بن ناصر بن جبر العُقيلي العامري.

3- يُرجّح -كما أحسب-، أن سنة 821هـ/ 1418م لم تكن السنة التي وُلِد فيها السلطان أجود، وأن ولادته كان بعد هذه السنة.

4- تميّز السلطان أجود بصفات نبيلة وحميدة تدلّ على أصالته العربية، كما تدل تلك الأوصاف والنعوت التي وصف بها على أخلاقه وقيمه الإسلاسية النبيلة.

5- يُرجّح - كما أحسب-أن تولّي السلطان أجود مقاليد الحكم قبل سنة 874هـ/ 1469م التي ذكرها الباحثون؛ حيث نرى أن تولّيه كان سنة 872 هـ/ 1467م، إذ لم يكن قبل هذه السنة.

6- تَلَقَّب أجود بعدد من الألقاب يأتي في مقدمتها لقب السلطان، وقد دلت الألقاب التي كان يخاطب بها على شهرته وذيوع صيته.

7- تُرجّح رواية العصامي أن السلطان أجود كان موجودًا سنة 911هـ/ 1507م، وهي سنة وفاته، وتولّى في السنة نفسها ابنه محمد.

8- كشفت الدراسة عن النظم المتّبعة في تعيين وليّ العهد في السلطنة الجبرية.

9- وضّحت الدراسة النظرة السياسية الداخلية للسلطان أجود التي اقتضت الاهتمام ببناء جيش قويّ يعمل على حماية السلطنة، ويوفِّر الأمن ويحقق تطلعاته التوسّعية، وانهماكه في بناء وتنفيذ العديد من العمليات الحربية واسعة النطاق التي يمكن فهمها على أنها خلاصة لتوجّهه العسكري، ومحور ارتكاز لاستراتيجيته العسكرية، وقد عمل على تنفيذ هذه الاستراتيجية فكانت الأساس في فرض الأمن وتحقيق الازدهار.

10- اهتمّ السلطان أجود بالتعليم ونشره في سلطنته رائده في ذلك خلق التحضر وتبديد الجهل، كما كان للقضاء دور مهمّ في توجّهه، حيث عمل على فرض القضاء بسلطنته، والاستعانة بقضاة مشهورين، وكان يهدف من هذا إلى تدعيم الاستقرار، ونشر العدل بين رعاياه ومحاربة الجريمة.

11- انطلقت السياسة الداخلية للسلطان أجود نحو المجال الاقتصادي، ونظرت إليه على أنه أساس بناء السلطنة، لذا فلا عجب أن تُبنى السياسة التوسّعية وتنطلق من المجال الاقتصادي، والمتأمل للسياسة الداخلية للسلطنة الجبرية في عهد السلطان أجود يدرك ذلك القدر من الوعي السياسي الذي تمتّع به ذلك السلطان، فعلى الرغم من امتلاكه للقوة العسكرية، إلا أنه لم يكن متهورًا في تعامله مع خصومه ومعارضيه.

12- اتسمت العلاقات الخارجية للسلطنة الجبرية في عصر السلطان أجود بصلات قوية مع عدد من الأقطار، يأتي في مقدمتها مكة المكرمة، وكذلك مع العديد من البلدان التي ارتبط معها بروابط اقتصادية قوية،

كما اتسمت بعض العلاقات بالتوتر وخاصة مع مملكة هرمز بسبب تعارض المصالح بينهما.

13- وجَّه السلطان أجود بن زامل أنظاره شطر نجد وخصوصًا وادي الدواسر وجنوب العراق والكويت (حاليًا) منذُ اللحظات الأولى من توليه الحكم، ويأتي التفاته إليها والاهتمام بها لإدراكه بأهميتها العسكرية والسياسية والاقتصادية، لذا فقد سعى إلى التوسّع فيها، وبسط سيادته عليها.

14- استطاع السلطان أجود توحيد أجزاء كبيرة من شرقي جزيرة العرب سياسيًا، وهذا الأمر حتّم عليه الدخول في صراع مع سلاطين هرمز الذين كانوا يعدِّون أنفسهم أصحاب الحق الشرعي في حكم هذه المنطقة، فسعى كل من الطرفين إلى فرض نفوذه السياسي، لكن رجحان كفة السلطان أجود كانت واضحة. فقد استطاع تحجيم نفوذهم وحصرهم في معاقلهم الضيقة الحدود والمحدودة النفوذ، وتمكن من انتزاع البحرين والقطيف منهم، أما قطر فقد كانت سباقة بالدخول في الإطار السياسي لسلطنة بني جبر.

15- إن السلطان أجود وإن مال في بداية دخوله عمان سنة 893 هـ/ 1488م إلى تثبيت حكم الأئمة الإباضيين، والاكتفاء منهم بدفع الخراج، إلا أنه سعى فيما بعد لبسط نفوذه بالقوة على مناطق عمان الأخرى، فالإشارات الواردة في تقرير البو كيرك تدل على سعة نفوذهم وقوتهم الضاربة.

16- تميَّز السلطان أجود بمميزات سياسية وعسكرية تؤهله لتوسيع نفوذه، حيث نجح في دفع حدود سلطنة الجبُّور ومناطق نفوذها إلى بقاع واسعة وذلك بضمِّه قطر والبحرين وعمان، وأجزاء واسعة من نجد وما والى تلك البلاد من العراق؛ ليصبح بذلك أقوى زعماء جزيرة العرب وحكامها وعلى وجه الخصوص عند سواحل الخليج العربي.

قائمة المصادر والمراجع

أولًا - المصادر:

❖ الإدريسي، محمد بن محمد بن عبد الله بن إدريس الحسني الطالبي (ت: 560هـ/ 1164م).

1. نزهة المشتاق في اختراق الآفاق، عالم الكتب- بيروت، الطبعة: الثانية، 1409 هـ.

❖ الأزهري، أبو منصور محمد بن أحمد (ت:370هـ/ 981م).

2. تهذيب اللغة، تحقيق: محمد عوض مرعب، دار إحياء التراث العربي - بيروت.

3. الاصطخري، أبو إسحاق إبراهيم بن محمد الفارسي (ت:346هـ/ 957م).

4. المسالك والممالك، دار صادر- بيروت.

❖ ابن إياس، محمد بن أحمد(ت: 930هـ/ 1425م).

5. بدائع الزهور في وقائع الدهور، تحقيق: محمد مصطفى، الهيئة المصرية للكتاب- القاهرة، 1396هـ/ 1976م.

❖ ابن بسَّام، عبد الله بن محمد البسام (ت: 1246هـ/ 1830م).

6. تحفة المشتاق في أخبار نحد والحجّاز والعراق، دارسة وتحقيق: إبراهيم الخالدي، شركة المختلف للنشر والتوزيع- الكويت، الطبعة: الأولى، 2000م.

❖ ابن بشر، عثمان بن عبد الله(ت:1290هـ/ 1873م).

7. عنوان المجد في تاريخ نجد، حققه وعلّق عليه: عبد الرحمن ابن عبداللطيف بن عبدالله آل الشيخ، مطبوعات دار الملك عبدالعزيز- الرياض، 1403هـ/ 1983م.

❖ ابن بطوطة، أبو عبدالله محمد بن عبدالله بن محمد بن إبراهيم اللواتي الطنجي (ت: 779هـ/ 1377م).

8. تحفة النظار في غرائب الأمصار وعجائب الأسفار المعروف برحلة ابن بطوطة، أكاديمية المملكة المغربية- الرباط، 1417 هـ.

❖ البغدادي، صفيّ الدين عبد المؤمن بن عبدالحق بن شمائل القطيعي البغدادي الحنبلي (ت: 739هـ/ 1338م).

9. مراصد الاطلاع على أسماء الأمكنة والبقاع، دار الجيل- بيروت، الطبعة: الأولى، 1412 هـ.

❖ البغوي، الحسين بن مسعود (ت: 516هـ/ 1122م).

10. شرح السنة، تحقيق : شعيب الأرناؤوط ومحمد زهير الشاويش، المكتب الإسلامي - دمشق / بيروت، الطبعة: الثانية، 1403هـ/ 1983م.

❖ البكري، أبو عبيد عبدالله بن عبدالعزيز بن محمد الأندلسي (ت:487هـ/ 1094م).

11. المسالك والممالك، دار الغرب الإسلامي، 1992 م.

12. معجم ما استعجم من أسماء البلاد والمواضع، عالم الكتب- بيروت، الطبعة: الثالثة، 1403 هـ.

❖ التطيلي، الرابي بنيامين بن الرابي يونة التطيلي النباري الإسباني اليهودي (ت: 569هـ/ 1173مـ).

13. رحلة بنيامين التطيلي، المجمع الثقافي- أبو ظبي، الطبعة: الأولى، 2002 م.

❖ ابن الجزيري، عبد القادر بن محمد بن عبدالقادر بن محمد الأنصاري (ت:977هـ/ 1579م).

14. الدرر الفرائد المنظمة في أخبار الحاج وطرق مكة المعظمة، تحقيق: محمد حسن محمد حسن إسماعيل، دار الكتب العلمية- بيروت، الطبعة: الأولى، 1422هـ/ 2002م.

❖ الجوهري، أبو نصر إسماعيل بن حماد (ت:398هـ/ 1007م).

15. الصحاح في اللغة، دار إحياء التراث العربي-بيروت، 1419هـ/ 1999م.

❖ الحازمي، زين الدين أبو بكر محمد بن موسى بن عثمان الهمداني (ت:584هـ/ 1188م).

16. الأماكن أو ما اتفق لفظه وافترق مسماه من الأمكنة، تحقيق: حمد بن محمد الجاسر، دار اليمامة للبحث والترجمة والنشر، 1415 هـ.

❖ الحاكم، أبو عبدالله الحاكم (ت: 405 هـ/ 1014م).

17. المستدرك على الصحيحين، الطبعة: الأولى، 1427 ه.

❖ ابن حبيب، محمد (ت 245هـ/ 859م).

18. المحبر، تحقيق: إيلزه ليختن شتيتر، دار الآفاق الجديدة - بيروت.

❖ ابن حجّر العسقلاني، شهاب الدين أبو الفضل أحمد بن علي بن محمد بن أحمد (ت:852هـ/ 1484م).

19. الدرر الكامنة في أعيان المائة الثامنة، تحقيق ومراقبة: محمد عبد المعيد ضان، مجلس دائرة المعارف العثَمَّانية - حيدر أباد، الطبعة: الثانية، 1392هـ/ 1972م.

❖ الحربي، إبراهيم بن إسحاق (ت 285هـ/ 898م).

20. المناسك وأماكن طرق الحجّ، تحقيق: حمد الجاسر، دار اليمامة للبحث والترجمة والنشر - الرياض، الطبعة: الثانية، 1401هـ/ 1981م.

❖ الحسين بن أحمد بن يعقوب(ت: بعد 393هـ/ 1003م).

21. سيرة الإمام المنصور بالله القاسم بن علي العياني، تحقيق: عبدالله محمد الحبشي، دار الحكمة- صنعاء، الطبعة: الأولى، 1417هـ/ 1996م.

❖ الحميري، أبـو عبد الله محمد بن عبد الله بن عبد المنعم (ت: 900هـ/ 1494م).

22. الروض المعطار في خبر الأقطار، تحقيق: إحسان عباس، مؤسسة ناصر للثقافة(طبع على مطابع دار السراج) - بيروت، الطبعة: الثانية، 1980 م.

❖ ابن حنبل، أحمد بن حنبل أبو عبدالله الشيباني(ت:241هـ/ 855م).

23. مسند الإمام أحمد بن حنبل مؤسسة قرطبة - القاهرة.

❖ ابن حوقل، أبو القاسم محمد بن حوقل البغدادي الموصلي (ت: بعد 367هـ/ 977م).

24. صورة الأرض، دار صادر- أفست ليدن(بيروت)، 1938 م.
❖ ابن خرداذبة، أبو القاسم عبيد الله بن عبدالله (ت: في حدود: 280 هـ/ 892م).
25. المسالك والممالك، دار صادر - بيروت، 1889م.
❖ الخوارزمي، أبو الفتح، برهان الدين ناصر بن عبد السيد أبي المكارم بن علي المُطَرِّزِيّ (ت: 610هـ/ 1213م).
26. المغرب، دار الكتاب العربي.
❖ ابن خلكان، أبو العباس شمس الدين أحمد بن محمد بن أبي بكر (ت:681هـ/ 1282م).
27. وفيات الأعيان وأنباء أبناء الزمان، تحقيق : إحسان عباس، دار صادر - بيروت الطبعة: الأولى.
❖ أبو داود، سليمان بن الأشعث السجستاني (ت:275 هـ/ 888م).
28. سنن أبي داود، دار الكتاب العربي- بيروت.
❖ ابن دعثم، أبو فراس الصنعاني(ت:614هـ/ 1217م).
29. السيرة المنصورية: سيرة الإمام المنصور بالله عبدالله بن حمزة، تحقيق: عبدالغني محمود عبد العاطي، دار الفكر المعاصر- بيروت، الطبعة: الأولى، 1414هـ/ 1993م.
❖ ابن الديبع، وجيه الدين عبدالرحمن بن علي الشيباني (ت: 944هـ/ 1537م).
30. قرة العيون بأخبار اليمن الميمون، تحقيق: محمد بن علي الأكوع، بيروت، الطبعة: الثانية، 1409هـ/ 1988م.
❖ الذهبي، الإمام شمس الدين محمد بن أحمد بن عثمان (ت: 748 هـ/ 1374 م).
31. سير أعلام النبلاء، تحقيق : شعيب الأرنؤوط، مؤسسة الرسالة.
❖ السَّخاوي، شمس الدين أبو الخير محمد بن عبدالرحمن بن محمد بن أبي بكر بن عثمَّان بن محمد (ت: 902هـ/ 1496م).
32. الضوء اللامع لأهل القرن التاسع، منشورات دار مكتبة الحياة - بيروت.
❖ السمهودي، نور الدين أبو الحسن علي بن عبدالله بن أحمد الحسني الشافعي (ت: 911هـ/ 1505م).

33. وفاء الوفاء بأخبار دار المصطفى، دار الكتب العلمية - بيروت، الطبعة: الأولى، 1419هـ.

❖ السنجاري، علي بن تاج الدين بن تقي الدين(ت:1135هـ/ 1722م).

34. منائح الكرم في أخبار مكة والبيت وولاة الحرم، دراسة وتحقيق: ماجدة فيصل زكريا، جامعة أم القرى- مكة المكرمة، الطبعة: الأولى، 1419هـ/ 1998م.

❖ السيرافي، أبو زيد حسن بن يزيد السيرافي (ت: بعد 330هـ/ 935م).

35. رحلة السيرافي، المجمع الثقافي، أبو ظبي، 1999 م.

❖ السيوطي، الحافظ جلال الدين عبدالرحمن بن أبي بكر (911هـ/ 1505م).

36. بغية الوعاة في طبقات اللغويين والنحاة، تحقيق : محمد أبو الفضل إبراهيم، المكتبة العصرية.

❖ ابن شاهين، عبد الباسط بن خليل المليطيّ (ت: 920هـ/ 1514م).

37. المَجْمع المُفَنّن بالمُعْجَم المُعَنْوَن، تحقيق: عبد الله محمد الكندري، دار البشائر الإسلامية- بيروت، الطبعة: الأولى، 1403هـ/ 1983م.

❖ الطبري، أبو جعفر محمد بن جرير (ت : 310 هـ/ 923م).

38. تاريخ الأمم والملوك المعروف بـ: تاريخ الطبري، دار الكتب العلمية - بيروت، الطبعة: الأولى، 1407ه.

❖ العزيزي، الحسن بن أحمد المهلبي (ت: 380هـ/ 990م).

39. المسالك والممالك، جمعه وعلق عليه ووضع حواشيه: تيسير خلف.

❖ العصامي، عبد الملك بن حسين بن عبدالملك العصامي المكي (ت: 1111هـ/ 1699م).

40. سمط النجوم العوالي في أنباء الأوائل والتوالي، تحقيق: عادل أحمد عبد الموجود وعلي محمد معوض، دار الكتب العلمية - بيروت، الطبعة: الأولى، 1419 هـ، 1998 م.

❖ العلوي، علي بن محمد بن عبدالله(ت: نحو 310هـ/ 921م).

41. سيرة الهادي إلى الحق يحيى بن الحسين عليه السلام، تحقيق: سهيل زكار، دار الفكر- بيروت، الطبعة :الثانية، 1401هـ/ 1981م.

❖ ابن العماد، عبدالحي بن أحمد بن محمد العكري الحنبلي (ت1089هـ/ 1677هـ).

42. شذرات الذهب في أخبار من ذهب، تحقيق: عبد القادر الأرنؤوط ومحمود الأرناؤوط، دار ابن كثير - بيروت، 1406هـ.

❖ العيدروس، عبد القادر بن شيخ بن عبدالله (ت: 1037 هـ/ 1629م).

43. النور السافر عن أخبار القرن العاشر، دار الكتب العلمية- بيروت، الطبعة: الأولى، 1405هـ.

❖ الفَتَّنِي الكجراتي، جمال الدين محمد طاهر بن علي الصديقي الهندي (ت: 986هـ/ 1578م).

44. مجمع بحار الأنوار في غرائب التنزيل ولطائف الأخبار، مطبعة مجلس دائرة المعارف العثمَّانية، الطبعة: الثالثة، 1387 هـ/ 1967م.

❖ أبو الفداء، إسماعيل بن محمد (ت 732هـ/ 1332م).

45. تقويم البلدان، تحقيق: رينود، ماك كوكين ديسلان، دار الطباعة السلطانية - باريس، 1840م.

❖ ابن فرج، عبد القادر بن أحمد بن محمد (ت: 1010هـ/ 1601م).

46. السلاح والعدة في تاريخ بندر بجدة، حققه وقدم له: علي محمد عمر، مكتبة الثقافة الدينية- بور سعيد.

❖ ابن فضل الله العمري، شهاب الدين أحمد بن يحيى بن فضل الله القرشي العدوي العمري (ت: 749هـ/ 1348م).

47. مسالك الأبصار في ممالك الأمصار، المجمع الثقافي- أبو ظبي، الطبعة: الأولى، 1423 هـ.

❖ ابن فهد، عز الدين عبدالعزيز بن النجم عمر بن محمد بن محمد الهاشمي المكي الشافعي (ت:992هـ/ 1584م).

48. بلوغ القرى في ذيل إتحاف الورى بأخبار أم القرى، دراسة وتحقيق: عبد الرحمن بن حسن بن عبدالرحمن أبو الخيور، رسالة ماجستير مقدمة إلى قسم الدراسات العليا التاريخية والحضارية، كلية الشريعة والدراسات الإسلامية - جامعة أم القرى، 1433هـ/ 2001م.

❖ ابن فهد، النجم عمر بن فهد محمد بن محمد بن محمد بن محمد بن فهد (ت: 885هـ/ 1480م).

49. إتحاف الورى بأخبار أم القرى، تحقيق وتقديم: عبد الكريم علي باز، جامعة أم القرى- مكة المكرمة، الطبعة: الأولى، 1408هـ/ 1988م.

❖ الفيروز آبادي، العلامة اللغوي مجد الدين محمد بن يعقوب (ت: 817هـ/ 1414م).

50. القاموس المحيط، تحقيق: مكتب تحقيق التراث في مؤسسة الرسالة، إشراف: محمد نعيم العرقسُوسي، مؤسسة الرسالة للطباعة والنشر والتوزيع- بيروت، الطبعة: الثامنة، 1426هـ/ 2005م.

❖ القرطبي، أبو عمر يوسف بن عبدالله بن محمد بن عبدالبر بن عاصم النمري (ت: 463هـ/ 1071م).

51. الإنباه على قبائل الرواة، تحقيق: إبراهيم الأبياري، دار الكتاب العربي - بيروت، الطبعة: الأولى، 1405هـ/ 1985م

❖ القزنوي، زكريا بن محمد بن محمود القزويني (ت: 682هـ/ 1283م)

52. آثار البلاد وأخبار العباد، دار صادر - بيروت.

❖ القلقشندي، أبو العباس أحمد بن علي (ت: 821هـ/ 1418م).

53. قلائد الجمان في التعريف بقبائل عرب الزمان، تحقيق: إبراهيم الإبياري، دار الكتاب المصري/ دار الكتاب اللبناني، الطبعة: الثانية، 1402هـ/ 1982 م.

54. نهاية الأرب في معرفة أنساب العرب، تحقيق: إبراهيم الإبياري، دار الكتاب اللبنانين- بيروت، الطبعة: الثانية، 1400 هـ/ 1980 م.

❖ ابن كثير، الإمام أبي الفداء إسماعيل بن كثير (ت: 774 هـ/ 1372م).

55. السيرة النبوية، تحقيق : مصطفى عبد الواحد، دار المعرفة للطباعة والنشر والتوزيع بيروت.

❖ كراع النمل، أبو الحسن علي بن الحسن الهُنائي الأزدي (ت: بعد 309هـ/ 922م).

❖

56. المُنَجَّد في اللغة (أقدم معجم شامل للمشترك اللفظي)، تحقيق: أحمد مختار عمر وضاحي عبد الباقي، عالم الكتب- القاهرة، الطبعة: الثانية، 1988م.

❖ ابن ماجد، أحمد بن ماجد (ت:906هـ/ 1500م).

57. الفوائد في معرفة علم البحر والقواعد، مخطوطة الكونجريس، رقم2008401696.

❖ الماوردي، أبو الحسن علي بن محمد(ت:450هـ/ 1058م).

58. الأحكام السلطانية، صححه وعلق عليه: محمد حامد الفقي، مطبعة مصطفى الحلبي- القاهرة، الطبعة: الثانية، 1386هـ/ 1966م.

❖ مرتضى الزَّبيدي، أبو الفيض محمّد بن محمّد بن عبدالرزّاق الحسيني (ت: 1205هـ/ 1790م).

59. تاج العروس من جواهر القاموس تحقيق : مجموعة من المحققين، دار الهداية.

❖ ابن المجاور، جمال الدين أبي الفتح يوسف بن يعقوب بن محمد (ت بعد: 626هـ/ 1228م).

60. صفة بلاد اليمن ومكة وبعض الحجاز المسماة (تاريخ المستبصر)، اعتنى بتصحيحها: أوسكرلوفجرين، دار التنوير- بيروت، الطبعة: الثانية، 1407هـ/ 1986م.

61. المقدسي، محمد بن محمد بن عبدالله بن إدريس الحسني الطالبي (ت: 560هـ/ 1164م).

62. نزهة المشتاق في اختراق الآفاق، عالم الكتب- بيروت، الطبعة: الثانية، 1409 هـ.

❖ المقريزي، تقي الدين أحمد بن علي بن عبدالقادر (ت 845هـ/ 1441م).

63. درر العقود الفريدة في تراجم الأعيان المفيدة، تحقيق: محمد كمال الدين على، بيروت، 1420 هـ/ 1992م.

64. ابن منظور، أبو الفضل محمد بن مكرم بن على جمال الدين بن منظور الأنصاري الرويفعي الإفريقي (ت:711هـ/ 1311م).

65. لسان العرب، دار صادر - بيروت، الطبعة: الأولى، 1414ه.

❖ النبهاني، سليمان بن سليمان، (ت: 909هـ/ 1503م).

66. ديوان النبهاني، تحقيق: عز الدين التنوخي، وزارة التراث والثقافة- مسقط، الطبعة: الثانية، 1426هـ/ 2005م.

❖ نجم الدين الغزي (ت: 1061هـ/ 1650م).

67. الكواكب السائرة بأعيان المئة العاشرة، تحقيق: جبرائيل جبور، دار الآفاق - بيروت، الطبعة: الثانية، 1979م.

❖ النجم ابن فهد، جار الله بن العزّ بن النجم بن فهد المكي الهاشمي (ت: 954هـ/ 1547م).

68. نيل المنى بذيل بلوغ القرى لتكملة أتحاف الورى (تاريخ مكة المكرمة من سنة 922ه إلى 946ه)، تحقيق : محمد الحبيب الهيلة، مؤسسة الفرقان للتراث الإسلامي- مكة المكمة، الطبعة: الأولى، 1420هـ/ 2000م.

❖ ابن الوردي، سراج الدين أبو حفص عمر بن المظفر بن الوردي البكري القرشي المعري ثم الحلبي (ت: 852هـ/ 1448م).

69. خريدة العجائب وفريدة الغرائب، تحقيق: أنور محمود زناتي، مكتبة الثقافة الإسلامية، القاهرة، الطبعة: الأولى، 1428 هـ - 2008 م.

❖ ابن هشام، أبو محمد عبدالملك بن هشام بن أيوب الحميري المعافري (ت: 218هـ/ 833م).

70. السيرة النبوية، تحقيق: طه عبدالرؤوف سعد، دار الجيل - بيروت، الطبعة: الأولى، 1411هـ.

❖ الهمداني، أبو محمد الحسن بن أحمد بن يعقوب بن يوسف (ت: 360هـ/ 970م).

71. صفة جزيرة العرب، مطبعة بريل - ليدن، 1884م.

❖ ياقوت الحموي، شهاب الدين أبو عبدالله ياقوت بن عبدالله الرومي الحموي (ت: 626هـ/ 1228م).

72. معجم البلدان، دار صادر - بيروت، الطبعة: الثانية، 1995 م.

❖ يحيى بن الحسين بن القاسم(ت:1100هـ/ 1688م).

73. إنباء أنباء الزمن في أخبار اليمن من سنة 280- 322هـ، صححه ووضع حواشيه وقدم له: محمد عبدالله ماضي، مكتبة الثقافة الدينية- القاهرة.

ثانيًا- المراجع.

- **الكتب العربية والمعرّبة:**

❖ استانلي لين بول.

74. الدولة الإسلامية، ترجمة: محمد صبحي فرزات، القسم الثاني، مطبعة الملاح-دمشق، 1974م.

75. طبقات سلاطين الاسلام، ترجمه للفارسية عباس إقبال، ترجمه عن الفارسية: مكي طاهر الكعبي، حققه: وقابله علي البصري، دار منشورات البصري، 1388هـ/ 1968م.

76. أفنسو دبوكيرك.

77. السجل الكامل لأعمال أفنسو دبوكيرك.

❖ الأكوع، إسماعيل بن علي.

78. الزيدية نشأتها ومعتقداتها، دار الفكر- دمشق/ دار الفكر- بيروت، الطبعة: الثالثة، 1418هـ/ 1996م.

❖ أيمن فؤاد سيد.

79. تاريخ المذاهب الدينية في بلاد اليمن، الدار المصرية اللبنانية- القاهرة، الطبعة: الأولى، 1408هـ/ 1988م.

❖ الباشا، حسن.

80. الألقاب الإسلامية في التاريخ والوثائق والآثار، دار النهضة العربية- القاهرة، 1978م.

❖ البدليسي، شرف خان.

81. شرف فنامة، بغداد، 1962م.

❖ ابن بسَّام، عبدالله بن عبد الرحمن بن صالح.

82. علماء نجد خلال ثَمَّانية قرون، دار العاصمة- الرياض، الطبعة: الثانية، 1419هـ.

❖ الجاسر، حمد بن محمد.

83. جمهرة أنساب الأسر المتحضرة في نجد، منشورات دار اليمامة للترجمة والنشر- الرياض، الطبعة: الثالثة، 1421هـ/ 2001م.

84. معجم قبائل المملكة العربية السعودية، النادي الأدبي، الرياض - المملكة العربية السعودية، الطبعة: الأولى، 1401 هـ/ 1981 م.
❖ جمال زكريا قاسم.
85. الخليج العربي: دراسة لتاريخ الإمارات العربية في عصر التوسّع الأوربي (1507- 1840م)، القاهرة، 1985م.
❖ جواد علي.
86. الخليج عند اليونان واللاتين»، مجلة المؤرخ العربي، ع12، بغداد، 1980م.
❖ الجواهري، عماد أحمد.
87. الاق قوينلو(نموذج من العلاقات السياسية)، مجلة دراسات عربية، ع2، السنة 19، 1982م.
88. أبو حاكمة، أحمد مصطفى.
89. «صفحات مطوية من تاريخ الخليج والجزيرة العربية»، مجلة الدوحة، 1976م.
❖ الحتروشي، سالم بن مبارك.
90. «الخصائص الجغرافية لمحافظة ظفار»، حصاد الندوة، ظفار عبر التاريخ، الفترة من 17ـ19جمادى الاخره1418هـ/ 19ـ21 أكتوبر، 1997م، الطبعة: الأولى، 1421هـ/ 2000م.
91. الحريبي، عاتق بن غيث بن زوير البلادي.
92. الْمَعَالِمِ الْجُغْرَافِيَّةِ الْوَارِدَةِ فِي السِّيرَةِ النَّبَوِيَّةِ، (بدون معلومات).
❖ حسن خضري أحمد.
93. قيام الدولة الزيدية في اليمن، مكتبة مدبولي، القاهرة، الطبعة: الأولى، 1996م.
❖ حسنين، محمد ربيع وليلى عبد الجواد إسماعيل.
94. تاريخ مملكة هرمز منذو قيامها حتى سقوطها سنة 1622م، 1998م.
❖ الحميدان، عبداللطيف الناصر.
95. «إمارة العصفوريين ودورها السياسي في شرق الجزيرة العربية»، مجلة كلية الآداب، بجامعة البصرة، ع15، 1979م.

96. «الدولة العصفورية ودورها السياسي في تاريخ شرق الجزيرة العربية»، مجلة الوثيقة ع3، السنة2، 1983م.

97. «التاريخ السياسي لإمارة الجبُّور في شرق الجزيرة في العربية»، مجلة كلية الآداب- جامعة البصرة، ع 16، السنة14، 1980م.

98. «مكانة السلطان أجود بن زامل الجبري في شبه الجزيرة العربية»، مجلة الدارة، ع14، السنة7، 1982ه.

❖ الخالدي، خالد بن عزام بن حمد.

99. السلطنة الجبرية في نجد وشبه الجزيرة العربية، الدار العربية للموسوعات، 2010م.

❖ ابن خميس، عبدالله بن محمد.

100. المجاز بين اليمامة والحجّاز، دار اليمامة - الرياض، 1390هـ/ 1970م.

❖ خوري، إبراهيم.

101. مملكة هُرمز العربية المستقلة أو بلاد السواحل والجزائر، مجلة المشرق الرقمية- دار المشرق، ع 1، 2015م.

102. خوري، إبراهيم، وأحمد جلال التدمري.

103. سلطنة هرمز العربية: سيطرة سلطنة هرمز العربية على الخليج العربي، مركز الدراسات والوثائق- راس الخيمة الطبعة: الأولى، 1420هـ/ 1999م.

❖ الدامغ، فهد.

104. «التاريخ السياسي لبلاد اليمامة»، مجلة الدرعية، ع 32، يناير 2006م.

❖ الزركلي، خير الدين بن محمود بن محمد بن علي بن فارس الدمشقي.

105. الأعلام، دار العلم للملايين، الطبعة: الخامسة عشر، 2002 م.

❖ زياد منى.

106. بلقيس امرأة الألغاز وشيطانة الجنس، رياض الريّس للكتاب والنشر، الطبعة: الثانية، 1998م، (ملحق بحث رحلة الملك الصيني مو وانج إلى بلاد الملكة سبأ لفون. أ. فوركة).

❖ السعدون، خالد.

107. مختصر التاريخ السياسي للخليج العربي منذ أقدم حضاراته حتى سنة 1971م، جداول للنشر والتوزيع- بيروت، الطبعة: الأولى، 2012م.
108. السالمي، الإمام نور الدين عبدالله بن حميد.
109. تحفة الأعيان بسيرة أهل عمان، مطبعة الشباب - القاهرة، الطبعة: الثانية، 1350هـ.
❖ السباعي، أحمد.
110. تاريخ مكة: دراسة في السياسة والعلم والاجتماع والعمران، 1419هـ/ 1999م.
111. السليمان، علي بن إبراهيم.
112. «الأحساء في فترة النفوذ البرتغالي»، اللقاء العلمي التاسع، الأحساء، 27 29 صفر 1427هـ.
❖ السلمان، محمد جميد.
113. الغزو البرتغالي للجنوب العربي والخليج في الفترة ما بين 1507- 1525م، مركز زايد للتراث والتاريخ- العين، 1420هـ/ 2000م.
❖ شُرَّاب، محمد بن محمد حسن.
114. المعالم الأثيرة في السنة والسيرة، دار القلم، الدار الشامية - دمشق/ بيروت، الطبعة: الأولى، 1411 هـ.
❖ الشرعان، نايف بن عبدالله.
115. نقود الدولة العيونية في بلاد البحرين، مركز الملك فيصل للبحوث والدراسات الإسلامية - الرياض، 1423هـ/ 2002م.
❖ الصيخان، علي بن سالم.
116. «بنو خالد الشام أكذوبة الفرج»، مجلة اليمامة، ع35، السنة 21.
❖ الصيني، بدر الدين حي.
117. العلاقات بين العرب والصين، مكتبة النهضة المصرية - القاهرة، الطبعة: الأولى، 1370هـ/ 1950م.
❖ العاني، نوري عبدالحميد.
118. العراق في القرن الخامس عشر، بغداد، 2002م.

❖ عزيز العظمة.

119. ابن خلدون وتاريخه، بيروت، 1981م.

❖ العسيري، أحمد معمور.

120. موجز التاريخ الإسلامي منذ عهد آدم -عليه السلام - (تاريخ ما قبل الإسلام) إلى عصرنا الحاضر 1417 هـ/ 96 - 1997م، فهرسة مكتبة الملك فهد الوطنية - الرياض، الطبعة: الأولى، 1417 هـ/ 1996 م.

❖ ابن عقيل، أبو عبد الرحمن بن عقيل الظاهري.

121. أنساب الأسر الحاكمة في الأحساء، دار اليمامة للاطلاع والترجمة والنشر- الرياض، 1983م.

❖ علي محمد زيد.

122. تيارات معتزلة اليمن في القرن السادس الهجري، المركز الفرنسي للدراسات اليمنية- صنعاء، الطبعة: الأولى، 1997م.

❖ الغنيم، عبدالله بن يوسف.

123. جزيرة العرب من كتاب الممالك والسالك للبكري، ذات السلاسل للطباعة والنشر والتوزيع، الكويت، الطبعة الأولى، 1397هـ/ 1977م.

❖ آل فريَّان، الوليد بن عبد الرحمن بن محمد.

124. تحقيق مخطوطو أحمد بن يحيى بن عَطْوَة الدِّرْعي (ت: 948 هـ/ 1541م) المسماة: طُرَف الطَّرْف في مسألة الصوت والحرف، بحث منشور ضمن مجلة البحوث الإسلامية- الرياض، الرئاسة العامة لإدارات البحوث العلمية والإفتاء والدعوة والإرشاد.

❖ القاسمي، خالد بن محمد.

125. دراسات في تاريخ اليمن والخليج، دار الثقافة- الشارقة/ دار الحداثة- بيروت، الطبعة: الأولى، 1993م.

❖ كحَّالة، عمر بن رضا بن محمد راغب بن عبدالغني الدمشقي.

126. معجم قبائل العرب القديمة والحديثة، مؤسسة الرسالة- بيروت، الطبعة: السابعة، 1414 هـ/ 1994 م.

❖ لكُّود، محمد منير عبد المجيد.

127. لكُّود القشعم، تدقيق لغوي: حسام محمد منير لكُّود وريم محمد منير لكُّود، وزارة الإعلام- جمهورية العربية السورية، الطبعة: الثانية، 25 شعبان 1424هـ/ 20/ تشرين الأول 2003م.

❖ لوريمر.

128. دليل الخليج العربي، طبعة قطر.

❖ مجموعة من الباحثين.

129. آثَار الشّيخ العَلّامَة عَبْدالرّحمن بْن يحْيَي المُعَلّمِيّ اليَماني، دار عالم الفوائد للنشر والتوزيع، الطبعة: الأولى، 1434 هـ.

❖ مجموعة من المؤلفين.

130. موجز دائرة المعارف الإسلامية، تحرير: م. ت. هوتسما، ت. و. أرنولد، ر. باسيت، ر. هارتمان، الأجزاء (أ) إلى (ع): إعداد وتحرير/ إبراهيم زكي خورشيد، أحمد الشنتناوي، عبد الحميد يونس، الأجزاء من (ع) إلى (ي): ترجمة : نخبة من أساتذة الجامعات المصرية والعربية، المراجعة والإشراف العلمي: حسن حبشي وعبدالرحمن عبدالله الشيخو محمد عناني، مركز الشارقة للإبداع الفكري- الشارقة، الطبعة: الأولى، 1418 هـ/ 1998 م.

❖ مجموعة من المؤلفين.

131. الموسوعة العربية العالمية، عمل موسوعي ضخم اعتمد في بعض أجزائه على النسخة الدولية من دائرة المعارف العالمية World Book International. ومترجم، ومحرر، ومراجع علمي ولغوي، ومخرج فني، ومستشار، ومؤسسة من جميع البلاد العربية.

132. محمد علي.

133. «ملامح التاريخ السياسي لمنطقة الخليج العربي»، مجلة الخليج العربي- جامعة البصرة، ع 8، 1977م.

❖ محمود شاكر.

134. التاريخ الإسلامي، العهد المملوكي، المكتب الإسلامي- بيروت، الطبعة: الثانية، 2000م.

135. موسوعة تاريخ الخليج العربي، دار أسامة للتوزيع والنشر- عمّان، 2005م.

❖ المديرس، عبد الرحمن.

136. الدولة العيونية في بلاد البحرين، رسالة ماجستير غير منشورة، جامعة الملك سعود، 1404هـ/ 1984م.

❖ مرزوقي، حاج محمود حاج طه.

137. الإسلام في أرخبيل الملايو، رسالة الدكتورة غير منشورة كلية اللغة العربية - جامعة الأزهر - 1977م.

❖ المطروشي، علي محمد علي راشد.

138. عناقيد ثقافية، النادي الوطني للفنون والثقافة- عجمان، 2008م.

❖ العماري، فضل بن عمار.

139. ابن المقرب وتاريخ الإمارة العيونية في بلاد البحرين، مكتبة التوبة- الرياض.

❖ المقحفي، إبراهيم أحمد.

140. معجم البلدان والقبائل اليمنية، دار الكلمة- صنعاء، 1422هـ/ 2002م.

❖ الميسري، محمد عبدالله.

141. الإمام المنصور بالله عبدالله بن حمزة ودوره في إحياء الدولة الزيدية في اليمن (593- 614هـ)، رسالة ماجستير، جامعة عدن- عدن، 1426هـ/ 2005م.

- **المواقع الإلكترونية:**

142. أرشيف المجلس العلمي، من موقع الألوكة، www.majles.alukah.net.

143. أرشيف ملتقى أهل الحديث - 5، رابط الموقع : http://www. ahlalhdeeth.com.

144. موقع الإسلام، تعريف بالأعلام الواردة في البداية والنهاية لابن كثير.

145. موقع واي باك مشين، وزارة السياحة سلطنة عمان، اطلع عليه بتاريخ، 10 يناير 2018 نسخة محفوظة 10 يناير 2018م.

ثالثًا- المراجع الأجنبية:

146. Alexander Hamilton, A New Account of the East Indies. A General Collection of the Best And Most Interesting Voyages And Travels in All Parts of the World Digested By John Pinkerton, Vol. VIII, London, 1811

147. Eastern Arabia, 1300-1800", International Journal of Middle East Studies, Vol. 19, No. 2. (May, 1987), pp. 177-203, through JSTOR

148. History of Qatar, www. qatarembassy. or. the Ministry of Foreign Affairs Qatar, London: Stacey International, 2000.

149. Khalifa, Haya Rice, Michael, Bahrain Through the Ages: The Archaeology. Routledge, 1986, p79, 215. ISBN 978-0710301123.

150. Miles, Samuel B, The Countries and Tribes of the Persian Gulf, 2 Vols, London, 1919, and 2nd ed. in one volume, 1966.

151. Rentz, DJABRIDS, Encyclopaedia" of Islam,. Edited by: P. Bearman, Th. Bianquis, C. E. Bosworth, E. van Donzel and W. P. Heinrichs. Brill, 2007. Brill Online.

152. Rice, Michael, Archaeology of the Persian Gulf. Routledge, 1994, ISBN 978-0415032681.

153. somul B, the countries and tribes of the Persian gulg, 2 nd Ed in one vol, ume, London, 1966.